STRASSE DER ROMANIK

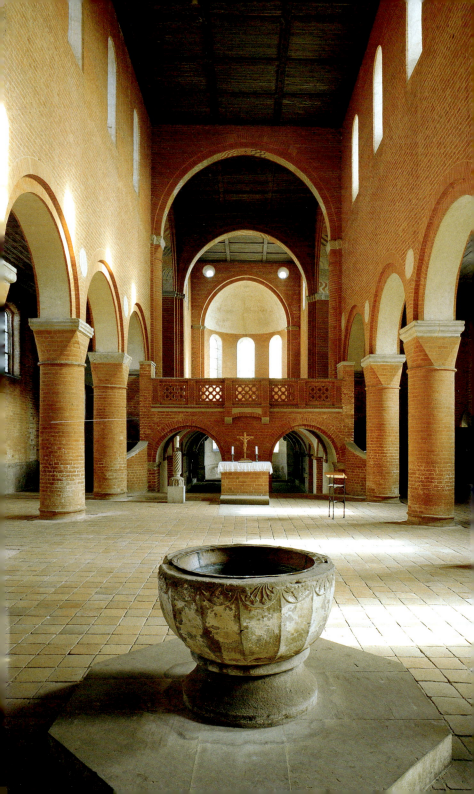

KULTURREISEN IN SACHSEN-ANHALT

STRASSE DER ROMANIK

FÜHRER ZU ARCHITEKTUR, KUNST UND
GESCHICHTE AN DER TOURISMUSSTRASSE IN
SACHSEN-ANHALT

HERAUSGEGEBEN VON
CHRISTIAN ANTZ

TEXT
ROSE-MARIE KNAPE

FOTOGRAFIEN
JANOS STEKOVICS

3. AKTUALISIERTE, ERWEITERTE AUFLAGE

VERLAG JANOS STEKOVICS
HALLE AN DER SAALE

Die Straße der Romanik

Auf Entdeckungsreise durch das Mittelalter

Sachsen-Anhalt ist scheinbar eine noch junge Verwaltungseinheit wie Rheinland-Pfalz oder Niedersachsen. Das aus preußischen und anhaltischen Gebieten von 1947 bis 1952 bestehende Land wurde erst 1990 wieder gegründet. Doch der Schein trügt: das Gebiet des heutigen Bundeslandes war in der Zeit zwischen 950 und 1250, zwischen dem Zerfall des fränkischen Reiches der Karolinger und dem Ende der Herrschaft der Hohenstaufen, ein politisches und kulturelles Zentrum in Europa.

Wie in keinem anderen Land der Bundesrepublik Deutschland hat sich in Sachsen-Anhalt auch ein unschätzbarer Reichtum an Denkmälern der Romanik erhalten: Klöster und Dome, Dorfkirchen und Wohnhäuser, Stadtanlagen und Burgen, Straßen und Skulpturen, Malerei und Schatzkunst sind Ausdruck eines gemeinsamen, auf dem Christentum fußenden abendländischen Denkens. Zum großen Teil besitzen die romanischen Kunstwerke Sachsen-Anhalts Weltgeltung. In Deutschland selbst kann sich in Hinblick auf Qualität und Anzahl der erhaltenen romanischen Kunst nur noch das Rheinland mit dieser Region messen.

Diese Fülle und Qualität mittelalterlicher Kunst im Zentrum Deutschlands und Europas waren Anlaß zur Entwicklung der „Straße der Romanik". Wie ein steinerner Kalender deutscher Geschichte muten die ausgewählten 72 Objekte in 60 Orten an. In Form einer „8" mit dem Zentrum Magdeburg umfaßt die Route flächendeckend alle Regionen des Landes. Sie wurde am 7. Mai 1993, dem 1020. Todestag Kaiser Ottos I., von Bundespräsident Richard von Weizsäcker als erste Tourismusroute in den neuen Bundesländern eröffnet. Wie die Bilderwelt von Umberto Ecos 1980 erschienenem Roman „Der Name der Rose" lassen auch die Zeugen der „Straße der Romanik" das Leben und Leiden des mittelalterlichen Menschen, seine Lebenskultur und seine Kunstauffassung für uns heutige Menschen lebendig werden.

Aber nicht nur für das Mittelalter trifft der touristische Slogan Sachsen-Anhalts „Ein Land macht Geschichte" zu. Sachsen-Anhalt ist das Land der Reformation mit den Geburts-, Wirkungs- und Sterbestätten Martin Luthers in Eisleben und Wittenberg; es ist aber auch Land der Musik. Gerade die berühmtesten Komponisten des Barock finden sich hier zusammen: Von Heinrich Schütz in Weißenfels über Georg Friedrich Händel in Halle und Georg Philipp Telemann in Magdeburg bis zu Johann Sebastian Bach in Köthen. Diese zwei Beispiele müssen genügen, um neugierig zu machen, wohin die Reihe „Kulturreisen in Sachsen-Anhalt" sie in der Zukunft noch führen wird.

Dr. Christian Antz, Herausgeber

Die Durchdringung von Längs- und Zentralbau der Landsberger Doppelkapelle bewirkt einen äußerst komplizierten, aber deshalb besonders reizvollen Grundriß mit vielseitigen Blickrichtungen.
Der künstlerisch hervorragende Flügelaltar in der Oberkapelle entstand um 1525–1530 und wird dem Bildschnitzer Stephan Hermsdorf zugeschrieben.

DIE NORDROUTE

Magdeburg

Die Straße der Romanik nimmt ihren Ausgangspunkt in dem Kathedralbau, der als der erste deutsche Dom im gotischen Stil gilt. Doch die zentrale Bedeutung Magdeburgs als Kaiserstadt begann viel früher, in ottonischer Zeit. Kaiser Otto I. überreichte 929 seiner aus England stammenden Gemahlin Editha Magdeburg als Morgengabe. Zu Ehren des hl. Mauritius, des legendären Streiters für das Christentum, gründete er acht Jahre später ein Benediktinerkloster. Diesem fiel die Missionierung der östlich der Elbe wohnenden Slawen zu und die Bestimmung, daß hier die königliche Grablege eingerichtet werden soll. Für ein geplantes Erzbistum wurde ab 955 die bestehende Kirche erweitert. Auf der Synode in Ravenna 968 erfolgte gegen den Widerstand des Erzbischofs von Mainz die Gründung des Erzbistums Magdeburg. Ihm wurden die Bistümer Merseburg, Meißen, Zeitz, Havelberg und Brandenburg unterstellt.

Die Pfalz Ottos I. glich in ihren Ausmaßen dem Königshof Karls des Großen in Aachen. Rund 75 Meter nördlich des Domes ließ Otto I. eine monumentale Anlage erbauen. Grabungen wiesen ein symmetrisches Bauwerk nach mit einer mächtigen Eingangsnische, die von Türmen flankiert war. Somit pries im 10. Jahrhundert eine Hymne Magdeburg zu Recht als eine Stadt, „die mit ihrem Glanz den Erdkreis erfülle" und nannte sie nach Rom und Konstantinopel das „dritte Rom".

Kapitell im Magdeburger Dom

unten: *Thronendes Herrscherpaar in der sechzehneckigen Kapelle aus dem 13. Jahrhundert im Magdeburger Dom*

Magdeburg

Ev. Domkirche St. Mauritius und Katharina

1

Der prächtigste Bau aus der Regierungszeit Ottos I. war der Dom. Der Kaiser fand hier neben seiner ersten Gemahlin Editha in einem mit einer antiken römischen Marmorplatte bekrönten Stucksarkophag seine letzte Ruhestätte. Bereits bei den Zeitgenossen erregte die kaiserliche Basilika Aufsehen. Thietmar von Merseburg, der berühmte Chronist des 11. Jahrhunderts, schwärmte, daß Otto I. „viele Leiber von Heiligen neben kostbarem Marmor, Gold und Edelsteinen aus Italien nach Magdeburg bringen ließ."

Am Karfreitag des Jahres 1207 brannte die Kathedrale – eine kreuzförmige dreischiffige Säulenbasilika, die Chorapsis von quadratischen Türmen gerahmt – aus. Erzbischof Albrecht II. von Käfernburg, der in Paris an der Sorbonne studiert hatte und einer der gebildetsten Männer seiner Zeit war, ordnete 1209 den Neu-

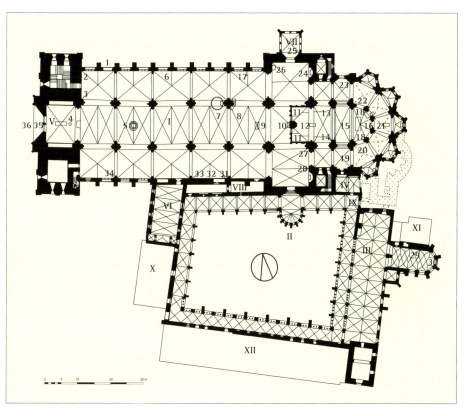

I Dom
II Kreuzgang mit Tonsur
III Remter mit Marienkapelle
IV Sebastianskapelle
V Ernstkapelle
VI Große Sakristei
VII Paradiesvorhalle
VIII Wärmekammer (Verkaufsraum)
IX Zugang zur ottonischen Krypta
X Dompfarramt
XI Domküsterei
XII Konsistorium

1 Eingang
2 Turmzugang
3 Epitaph des Domherrn Werner v. Plotho
4 Bronzetumba des Erzbischofs Ernst
5 Taufstein, Porphyr
6 Heilige Sippe
7 Heilig-Grab-Kapelle und Herrscherpaar
8 Kanzel
9 Katharinenaltar
10 Lettner mit Kreuzaltar (Blutaltar)
11 Chorgestühl
12 Sarkophag Kaiser Ottos I., des Großen
13 Hl. Katharina
14 Hl. Mauritius
15 Osterleuchter aus dem ottonischen Dom
16 Hochaltar
17 Epitaph des Domherrn Johann von Bothmar
18 Antike Säulen aus dem ottonischen Dom
19 Spätromanische Kapitelle des Chorumgangs
20 Bronzegrabplatte des Erzbischofs Wichmann von Seeburg
21 Kenotaph der Königin Editha
22 Verkündungsgruppe
23 Bronzegrabplatte des Erzbischofs Friedrich von Wettin
24 Ehrenmal für die Gefallenen des Ersten Weltkrieges von Ernst Barlach
25 Paradiesportal mit Tympanon Himmelfahrt der Maria und klugen und törichten Jungfrauen. Gegenüber: Ecclesia und Synagoge
26 Grabstein des Erzbischofs Albrecht von Querfurt
27 Grabstein des Erzbischofs Otto von Hessen
28 Wundertätige („Schwarze") Madonna
29 Seligpreisungen der romanischen Chorschranke, Marmor
30 Retabel des Elisabethaltars
31 Altar Anna Selbdritt
32 Epitaph des Domherrn Christian von Hopkorf
33 Bronzeepitaph des Domvikars Georg von Koppehel
34 Epitaph des Obristen Ernst von Mandelsloh
35 Westportal
36 Standbilder der Westfassade

Standbilder der hl. Katharina und des hl. Mauritius, der Schutzheiligen des Magdeburger Doms, um 1250

Sarkophag Kaiser Ottos I. im Dom

bau an. An die Seite des hl. Mauritius, des bisherigen Schutzheiligen des Domes, stellte er nun als zweite Patronin die hl. Katharina, der die Pariser Universität geweiht war und die bis heute die Tradition der Weisheit und Unabhängigkeit der Frauen verkörpert. Albrecht II. entschied sich für einen Neubau, der noch reicher und prächtiger als der Vorgängerbau werden sollte, errichtet im modernen Stil französischer Kathedralen. Es entstand ein Bauwerk, das vom spätromanischen Baubeginn bis zur hochgotischen Innenvollendung 1363 und der spätgotischen Fertigstellung der Türme – trotz 311 Jahren Bauzeit – zu einer monumentalen und in sich geschlossenen Einheit wuchs.

Bis zur Weihe lassen sich bereits fünf Bauzeiten unterscheiden, von denen die ersten beiden in der Ausführung noch spätromanischen Einzelformen verpflichtet waren:

Beginn des Baus mit dem Chorpolygon 1209–1218; im Gegensatz zu den hochaufstrebenden Räumen und schlanken Pfeilern der französischen Vorbilder erheben sich auf gotischem Grundrißmassiv weitgehend geschlossene Wände. An den Außenmauern wurde auf Strebewerk verzichtet. Gedrungene Pfeiler trennen wie in der Romanik den Gesamtraum in eine Reihe von Einzelräumen. Die heimischen Künstler standen noch ganz in der Tradition sächsischer Spätromanik, aber gerade durch das Aufeinandertreffen von Modernität und landschaftlich gebundener Tradition gelang dieser Kathedralbau so faszinierend und einmalig.

Rheinische Bauleute, unter französischem Einfluß stehend, setzten 1220–1232 den Bau fort. Sie errichteten die steilen Arkaden des Hochchores, wölbten Chorumgang und Kapellen, begannen den Bau des Querhauses und der Türme, die in den Zwickeln zwischen Chor und Querhaus sitzen. Noch sind gotische Bauglieder wie Dienste und Rippen der romanischen Architektur nur vorgeblendet und haben keine tragenden konstruktiven Aufgaben.

In der nächsten Bauphase 1232–1235 brachte vermutlich ein zuvor in Maulbronn tätiger zisterziensischer Baumeister frühgotische Formerfahrung nach Magdeburg mit: das selbsttragende, aus Pfeilerbündeln heraustretende Gewölbe und das schlanke Kelchkapitell. Gebaut wurde vor allem der Bischofsgang, die Empore über dem Chorumgang, in der besonders der Übergang zu gotischer Klarheit und lichtvoller Harmonie spürbar wird. Gleichzeitig mit dem Bischofsgang wurden die Spolien des ottonischen Domes in den Chor gebracht. Um 1240–1270 hielt dann mit den Giebeln und den riesigen Maßwerkfenstern des Querhauses die reife Gotik ihren Einzug. Es folgte 1274–1363 die Einwölbung von Langhaus und Seitenschiffen, womit sich der großartige Innenraum schloß. Mit der Errichtung der Turmhelme 1520 war auch der Außenbau vollendet.

Karl Friedrich Schinkel veranlaßte 1819 die Restaurierung des Magdeburger Domes: „Die ganze Architektur dieses ehrwürdigen

Anschrift
Magdeburger Dom
Am Dom 1
39100 Magdeburg
Tel.: (0391) 5 43 24 14
Fax: (0391) 5 43 24 14

Öffnungszeiten
Sommer (Mai–September)
Mo–Sa: 10.00–18.00 Uhr
So/kirchl. Feiertage:
11.30–18.00 Uhr

Winter (Oktober–April)
Mo–Sa: 10.00–16.00 Uhr
So/kirchl. Feiertage:
11.30–16.00 Uhr

Eintrittspreise
Eintritt kostenlos
Führungen: Erw. 3,– EUR,
erm. 1,50 EUR,
Gruppen 2,50 EUR/Pers.,
Erm. 1,50 EUR/Pers.

Führungen
Sommer: Di–Sa 14.00 Uhr,
So/kirchl. Feiertage 11.30
und 14.00 Uhr

Winter: Di–Sa 14.00 Uhr,
So/Feiertage: 11.30 und
14.00 Uhr

Ansprechpartner für Führungen
Herr Domküster Jerratsch

Spezialführungen
Spezialführungen und
Führungen für Gruppen über
10 Personen sind nach
vorheriger Absprache auch
zu anderen Zeiten als zu den
regulären möglich.
Gebühren wie bei
Gruppenführungen

Ausstellungen
monatlich wechselnde
Ausstellungen von Mai bis
Oktober

Anreise mit PKW
A 2 – Abfahrt MD-Zentrum,
Stadtautobahn Abfahrt
Zentrum/Hbf., dann
Ausschilderung „Landtag"
folgen

Anreise mit ÖPNV
Straßenbahn Linien 10 u. 2

Parkplätze
50 für PKW, 3 für Busse, an
der Nordseite des Doms

Informationsmaterial
eigene Publikationen
(Faltblatt), Bücher

Verkaufsangebot im Bauwerk
Im Sommer während der
Öffnungszeiten und im
Winter an den Wochenenden
werden Ansichtskarten,
Bücher etc. zum Kauf
angeboten.

Besonderheiten
Parkplätze in der
Hegelstraße und am
Schleinufer, gesonderte
Busparkplätze vor dem
Westportal

Das mit einer bekleideten und einer nackten Frau geschmückte Kapitell im Nordumgang ist das Werk eines bedeutenden Bildhauers der Bauperiode der zwanziger Jahre des 13. Jahrhunderts. Er wird nach der ebenfalls von ihm geschaffenen Figurengruppe des „Noli me tangere" an der Westpforte des südlichen Chorumganges als Meister des Magdalenentympanons bezeichnet.

Kapitell im Chorumgang

Der neu restaurierte Hauptaltar im Chor

Denkmahls ist aber in einem sehr zerrütteten Zustande, besonders haben die oberen Theile der großen Türme viel gelitten ..." Für die „vollständige Reparatur" des Magdeburger Doms wurden bereits 1826 in einer Kabinettsorder 204 000 Taler bewilligt; 1834 – zehn Jahre vor dem Weiterbau des Kölner Doms – waren die Arbeiten beendet. Sie stellen eine der größten denkmalpflegerischen Leistungen des 19. Jahrhunderts dar. Mit 120 Metern Länge und 101 Metern Höhe ist der Magdeburger Dom der größte Sakralbau Mitteldeutschlands, besitzt eines der schwersten Barockgeläute Deutschlands.

Innenausstattung

Aus römischer Zeit stammen der Taufstein aus Rosenporphyr, die Säulenschäfte im Hohen Chor und im Remter sowie die Grabplatte des Sarkophags Ottos des Großen.

Aus dem romanischen Bau sind zudem die Bronzegrabplatten von Erzbischof Friedrich von Wettin (gest. 1159) und Erzbischof Wichmann von Magdeburg (gest. 1192) erhalten, die als sowohl technologische wie künstlerische Meisterwerke des 12. Jahrhunderts besondere Beachtung verdienen, ebenso der Osterleuchter und die marmornen Chorschranken.

Eine noch größere Fülle an Zeugnissen hat die gotische Zeit hinterlassen: die frühgotischen Märtyrerfiguren im Hohen Chor, die Skulpturen der heiligen Mauritius und Katharina sowie die Sitz-

figuren des Herrscherpaares (um 1240) vom Magdeburger Meister, der auch das Reiterstandbild auf dem Alten Markt geschaffen hat. Hochrangige Kunstwerke sind ebenso die unter französischem Einfluß entstandenen Standbilder der klugen und törichten Jungfrauen am Nordportal, die wundertätige schwarze Madonna (Ende 13. Jahrhundert), das hochgotische Chorgestühl, der spätgotische Lettner und die gleichzeitigen spätgotischen Figuren der Westfassade.

Die wunderbare nachreformatorische Alabasterkanzel stammt aus der Renaissance und trägt wie die erhaltenen Barockepitaphien eine Fülle von biblischen und allegorischen Bildern.

Das 20. Jahrhundert hat durch den expressionistischen Künstler Ernst Barlach 1929 noch einmal große Kunst in den Dom gebracht: das erschütternde Mahnmal des Krieges von 1914/18. Es hat weder seine Eindringlichkeit noch seine Aktualität verloren.

Trotz einer Bauzeit von 250 Jahren strahlt der Westbau eine unglaubliche kompositorische Geschlossenheit aus. Dazu kommt – wie in vielen Teilen der Kathedrale – die vorzügliche Einbindung architektonischer und ornamentaler Details.

Der Figurenzyklus in der Paradiesvorhalle entstand um 1240/50. Fünf bezaubernde Mädchenfiguren strahlen anmutig in irdischer Freude beim Nahen des Bräutigams. Anders erscheinen dagegen ihre törichten Schwestern, deren Gestalten schmerzgebeugt sind – eine verhüllt ihr Gesicht, eine andere schlägt sich entsetzt gegen die Stirn.

Magdeburg

Ehem. Prämonstratenserkloster Unser Lieben Frauen

Blick von Osten über die Elbe zum Kloster Unser Lieben Frauen

rechts: Klosterkirche Unser Lieben Frauen. Ansicht von Südwesten

1 Westbau der Kirche mit Dreiturmgruppe
2 Romanisches Langhaus mit frühgotischem Gewölbe
3 Querhaus und Chor, darunter Krypta
4 Hochsäulige Kapelle
5 Sogenanntes Poentitentiarium (Klosterarrest)
6 Kreuzhof mit zweigeschossigem Kreuzgang
7 Brunnenkapelle (Tonsur)
8 Refektorium
9 Neuer Westflügel mit Garderobe und Café, im Dachgeschoss Klosterbibliothek
10 Ehemaliges Alumnat des Pädagogiums anstelle des ehemaligen Dormitoriums

Erzbischof Gero gründete um 1012/1023 ein Kollegiatstift, nachdem er nach einer schweren Niederlage gegen den Polenherzog Boleslav I. gesund die Heimat erreicht hatte. Mehr als 100 Jahre später gliederte Erzbischof Norbert von Xanten das Stift dem Prämonstratenserorden an. Damit wurde das Kloster zum Ausgangspunkt der umfangreichen Missionierungsbestrebungen nach Osten und Norden. Innerhalb weniger Jahrzehnte wurden von hier aus 16 neue Klöster gegründet, darunter das in der Architekturgeschichte herausragende Prämonstratenserstift Jerichow.

Nach Einführung der Reformation und dem endgültigen Weggang des Ordens 1632 wurde 1698 in den Klosterräumen das Pädagogium, die Magdeburger Gelehrtenschule eingerichtet.

Im 19. Jahrhundert erfolgte – erst Jahrzehnte nach der Restaurierung des Domes – eine einfühlsame Erneuerung. Dabei wurde 1891 das Querhaus der Klosterkirche auf das Niveau des Langhauses gebracht. Nach schweren Beschädigungen im Zweiten Weltkrieg erfolgte 1947–1953 der Wiederaufbau. Heute werden Kirche und Kloster als Konzerthalle und Museum genutzt.

Die erste Klosterkirche Erzbischof Geros wird wohl ein bescheidener Bau gewesen sein, von dem nichts überliefert ist. Zwischen 1063 und 1078 erfolgte der steinerne Neubau einer kreuzförmi-

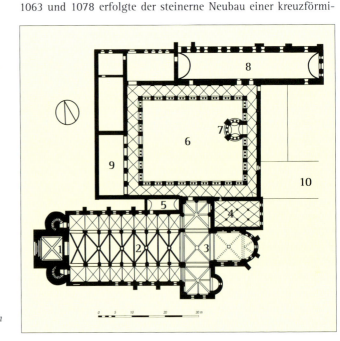

Blick ins Mittelschiff nach Osten

Anschrift
Kunstmuseum Kloster Unser Lieben Frauen,
Regierungsstraße 4–6,
39100 Magdeburg
Tel.: (0391) 56 50 20
Fax: (0391) 56 50 255

Öffnungszeiten
Di–So 10.00–17.00 Uhr

Eintrittspreise
Erw. 2,– EUR, erm. 1,– EUR,
Inhaber des Magdeburg-Passes: 1,– EUR;
Gruppentarif für Führungen 15,– EUR (20–25 Pers.),
Erm. 10,– EUR (Schulkl.)

Führungen
Di. und Sa. 14.30 Uhr,
Geschichte und Architektur des Bauwerkes, regelmäßige Führungen durch die Sonderausstellungen, weitere Führungen nach Anmeldung

Ansprechpartner für Führungen
Dr. Uwe Förster

Spezialführungen
Leben hinter Klostermauern (ab 4. Kl.); Entdeckungsreise ins Mittelalter (3.–6. Kl.); Mittelalterl. Buchkunst (ab 5. Kl.); Magd. Mönchsagen illustriert (ab 8. Kl.); Mönch ärgere dich nicht! (Projektangebot 3–4 Std. ab 5. Kl.)

Ausstellungen
ständige Ausstellungen „Zeitgenössische Bildhauerkunst (1945 bis zur Gegenwart)"; Bildhauerkunst von der Antike bis zur Moderne

Gastronomie
Klostercafé mit 70 Plätzen; Wein von Saale/Unstrut, Roggenbier aus dem Kloster Schlägs/Österreich

Unser Tip
Besichtigung der drei Tonnengewölbe; Kreuzgangserenaden im Sommer sowie Orgelkonzerte; Sonderausstellungen des Kunstmuseums

Anreise mit PKW
Zentrum von Magdeburg

Anreise mit ÖPNV
vom Hbf. Magdeburg,
ca. 10 Min. Fußweg Richtung Elbe

Parkplätze
100 Parkplätze für PKW,
3 für Busse, z. T. keine Parkgebühren

Informationsmaterial
Kataloge zu Sonderausstellungen sowie Bücher zur Geschichte des Klosters u. Kunstmuseums

Verkaufsangebot im Bauwerk
analog den Öffnungszeiten Prospekte, Kataloge, Postkarten, Plakate, Bücher, CDs, Dias erhältlich

Toiletten
im Servicebereich (nicht behindertengerecht)

gen dreischiffigen Säulenbasilika mit einer Krypta, die dann im 12. Jahrhundert ausgebaut wurde. In dieser Zeit entstand der wehrhaft anmutende und gegenüber dem Schiff stark überhöhte Westbau, bestehend aus einem quadratischen Mittelturm und zwei Rundtürmen an den Flanken. Nach einem Stadtbrand 1188 ersetzte man die Pfeiler durch Säulen und fügte zwischen Chor und Nordquerhaus die sog. „Hochsäulige Kapelle" an. 1220–1240 wurde nach dem Vorbild des Domes eine frühgotische Wölbung eingebracht, die den Innenraum seither prägt.

Nach der Heiligsprechung des Prämonstratensergründers Norbert von Xanten im Jahre 1582 wurde in der Kirche eine riesige Grabstätte errichtet; die Gebeine des Heiligen wurden jedoch ins Prager Prämonstratenserkloster Strahov gebracht.

Mit dem Neubau der Kirche begann 1129 auch der Neubau der Klostergebäude, von denen der Kreuzgang nahezu vollständig erhalten ist.

Auch wenn sich heute die Bauornamentik im Vergleich zu anderen Kirchenbauten dieser Zeit wie St. Servatius in Quedlinburg (1070–1129) und St. Ulrich in Sangerhausen (Weihe 1135/1140) bescheidener ausnimmt, so sprechen die Quellen und die vorhandenen Reste doch dafür, daß auch hier eine herausragende Bauplastik vorhanden war. Die frühesten Zeugnisse hierfür finden sich in der dreischiffigen Hallenkrypta. Das Kreuzgratgewölbe ruht auf Säulen mit Würfelkapitellen. Einige der Halb- und Viertelsäulen, die entlang der Außenwände zu finden sind, haben Würfelkapitelle, die mit einem Knoten oder einer Rosette geschmückt wurden – also mit Motiven, die Dämonen abwehrende Funktionen haben und sehr alte Formen aufgreifen, die teilweise der Kunst der Germanen und Kopten entlehnt sind.

Für die Bauphase nach 1188 lassen sich Vorbilder aus der Bauornamentik Oberitaliens finden, z. B. das Flechtband des Mittelschifffrieses und der Kämpferplatte. Die westliche Vorhalle dagegen ist sparsamer dekoriert und folgt hirsauischen Formen.

Brunnenhaus im Kreuzgang

Auffällig an der St. Petri-Kirche sind ihre spannungsvollen Proportionen, die sie als Bauwerk zweier Baustile kennzeichnen. Sie bildet mit der gotischen Maria-Magdalenen-Kapelle und der Wallonerkirche zusammen eine eindrückliche sakrale Baugruppe über dem Elbufer.

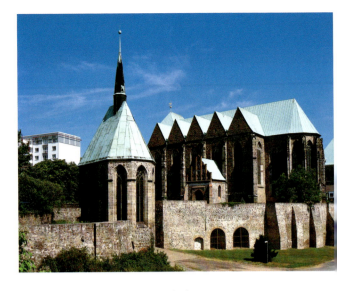

1

Magdeburg

Katholische Universitätskirche St. Petri

An der Stelle, wo im Bau der Petri-Kirche heute Gotik und Romanik aufeinandertreffen, lag im 12. Jahrhundert das kleine Fischer- und Schifferdorf Frohse vor den Toren Magdeburgs. Das erklärt wohl auch die Wahl des Schutzheiligen, des Apostels Petrus, der zunächst ein Fischer war.

Vom Gründungsbau blieb nur der massige Wehrturm erhalten, der im oberen Teil durch Ecklisenen und Bogenfriese gegliedert

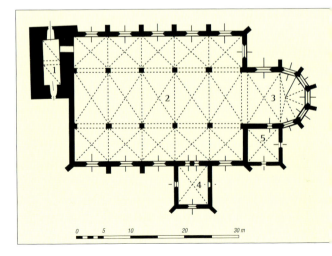

1 Romanischer Westturm
2 Spätgotische Halle
3 Chor mit
  Glasmalereien von Carl
  Crodel, 1970
4 Marienkapelle mit
  spätgotischem Kruzifix
5 Sakristei

18

Anschrift
St.-Petri-Kirche
Neustädter Straße 1a
39104 Magdeburg

Tel.: (0391) 5 43 50 95
Fax: (0391) 8 52 02 96

Öffnungszeiten
Sommer:
tägl. 9.30–18.00 Uhr
Winter:
tägl. 9.30–17.00 Uhr

Eintrittspreise
Eintritt kostenlos, Spenden erwünscht

Führungen
nach Absprache

Ansprechpartner für Führungen
Pfarrer Gottfried O. Praem.

Parkplätze
133 Parkplätze für PKW, 4 für Busse, keine Gebühren

Informationsmaterial
Kirchenführer

Verkaufsangebot im Bauwerk
Karten und Führer werden am Schriftenstand in der Kirche angeboten.

Toiletten
im Bauwerk
(Turm, 1. Etage)

Kopf vom Kruzifix in der Petri-Kirche

ist, aus denen sich die Entstehungszeit um 1150 erschließen läßt. Um 1380 wurde das Langhaus der romanischen Wehrkirche durch einen gotischen Neubau ersetzt. Die große, dreischiffige Halle mit ihrem Kreuzrippengewölbe beeindruckt durch ihre stimmigen Proportionen. Die fünf hohen gotischen Fenster verwandeln den Chor in einen lichtdurchfluteten Raum.

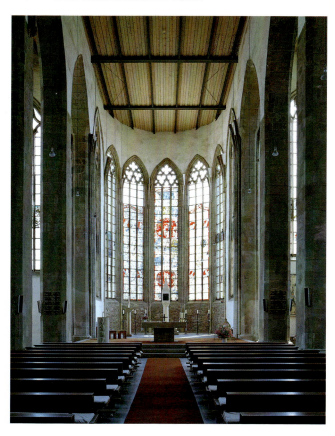

Petri-Kirche, Blick durch das Langhaus in den Chor

19

Magdeburg

Katholische Kathedralkirche St. Sebastian

Erzbischof Gero gründete um 1015 die St. Sebastians-Kirche als Kirche für ein Kollegiatstift. 1170 wurde der Bau der romanischen Basilika vollendet. Zur gotischen Hallenkirche im 14. und 15. Jahrhundert umgebaut, wurde sie 1489 abermals geweiht. Im Mittelalter war St. Sebastian das vornehmste Stift Magdeburgs. Starb ein Erzbischof, so wurde er zunächst in der Stiftskirche St. Sebastian aufgebahrt. Erst am nächsten Tag erfolgte mit einer prächtigen Prozession die Überführung in die Kirche des Klosters Unser Lieben Frauen. Dort bahrte man den Verstorbenen erneut auf, damit öffentlich von ihm Abschied genommen werden konnte. Am folgenden Tag erst brachte man den Leichnam in den Dom, wo er dann nach einer neuerlichen Aufbahrung zumeist auch bestattet wurde.

Die wuchtige Doppelturmfassade, Reste des Querhauses und der erhaltene Grundriß weisen auf den hochromanischen Vorgängerbau von St. Sebastian in Magdeburg hin. Charakteristische Wahrzeichen sind heute die barocken Zwiebelhauben.

Anschrift
Kathedrale/Propsteikirche
St. Sebastian
Max-Josef-Metzger-Straße
39104 Magdeburg
Tel.: (0391) 5 96 13 00
Fax: (0391) 5 96 13 19

Öffnungszeiten
tägl. 10.00–17.00 Uhr

Eintrittspreise
Eintritt kostenlos, Spenden erwünscht

Führungen
nach Absprache (Spenden am Opferstock)

Ansprechpartner für Führungen
Propst Josef Kuschel

Spezialführungen
nach Absprache

Anreise mit PKW
A 2 – Abfahrt MD-Zentrum, Stadtautobahn Abfahrt Zentrum/Hbf., dann Ausschilderung „Landtag" folgen

Anreise mit ÖPNV
Straßenbahn

Parkplätze
50 für PKW, Busparkplatz nicht gesondert ausgewiesen, weitere Parkmöglichkeiten im umliegenden Wohngebiet

Informationsmaterial
zur Straße der Romanik vorhanden

Verkaufsangebot im Bauwerk
Kirchenführer, Ansichtskarten

Toiletten
im Bauwerk

Nach den Verwüstungen des Dreißigjährigen Krieges konnten erst ab 1692 wieder Gottesdienste in der Kirche stattfinden. Aber schon 1756 wurde sie nicht mehr für kirchliche Zwecke genutzt, sondern als Magazin. Mit dem Jahr 1810 kam die Auflösung des Stifts. Napoleonische Truppen nutzten die Kirche als Speicher, Feldschmiede und Werkstatt. 1873 erhielt sie die katholische Gemeinde zurück.

Auch St. Sebastian blieb von den Bomben am 16. Januar 1945 nicht verschont. Bereits wenige Monate nach Kriegsende wurde sie jedoch als erste Kirche Magdeburgs wiederhergestellt und ökumenisch genutzt, bis andere Gotteshäuser wieder errichtet waren. Seit 1994 ist St. Sebastian als Kathedrale Mittelpunkt des neugeschaffenen katholischen Bistums Magdeburg.

1 Romanischer Westbau mit zwei Türmen
2 Vierung mit romanischen Pfeilern
3 Gotischer Chor mit spätgotischem Flügelaltar (um 1510–1520)
4 Gotische Marienkapelle mit spätgotischem Flügelaltar (ca. Ende des 15. Jahrhunderts)
5 Sakristei
6 Spätgotisches Hallenlanghaus

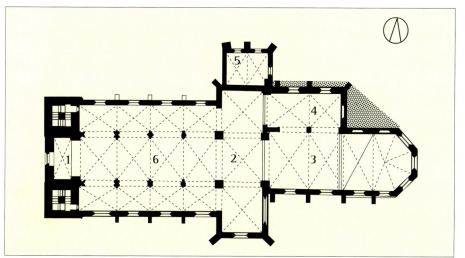

Groß Ammensleben

Ehem. Benediktinerklosterkirche St. Peter und Paul

Das Kloster Groß Ammensleben, 1124 als Augustiner-Chorherrenstift gegründet und 1129 auf Veranlassung des Erzbischofs Norbert von Xanten den Benediktinern Hirsauer Prägung übertragen, gehört zu den wenigen Klöstern Mitteldeutschlands, die auch noch nach der Reformation bestanden. Erst 1804 wurde es durch die preußische Regierung säkularisiert. Damit setzte auch der Zerfall ein, den nur die 1140 geweihte Klosterkirche überdauerte. Vom hirsauisch geprägten Ursprungsbau aus Bruchsteinen, einer dreischiffigen Pfeilerbasilika, ist im wesentlichen das erst im 15. Jahrhundert eingewölbte Langhaus erhalten, in dessen südliches Seitenschiff 1170 ein feingegliedertes Säulenportal eingefügt wurde. Es läßt den Einfluß von Königslutter erahnen und zeigt im Tympanon das Agnus Dei (Lamm Gottes) und eine Wirbelrosette.

Anschrift
Katholisches Pfarramt
Kirchplatz 10
39326 Groß Ammensleben
Tel.: (039202) 63 12

Öffnungszeiten
Schlüssel zu erfragen im Pfarrhaus

Eintrittspreise
Eintritt kostenlos, Spende erwünscht

Führungen
nach Voranmeldung

Ansprechpartner für Führungen
Katholisches Pfarramt
Kirchplatz 10
Evangelisches Pfarramt
Kirchplatz 1

Anreise mit PKW
über die A 14 aus Richtung Halle, über die A 2 bis Magdeburger Kreuz dann in Richtung Haldensleben

Anreise mit ÖPNV
Zugverbindung
Magdeburg–Haldensleben

Parkplätze
in beschränktem Maße möglich

Informationsmaterial
Romanik im Ohre-Kreis: Teil I – Hillersleben und Groß Ammensleben

Toiletten
Möglichkeit besteht im katholischen Gemeindezentrum

Groß Ammensleben, Südostansicht der ehemaligen Benediktinerklosterkirche St. Peter und Paul

1 Heilig-Kreuzkapelle mit mittelalterlichem Fliesenboden und Altarkruzifixus
2 Nikolauskapelle mit romanischer Apsis und Tonnengewölbe von 1600
3 Marienkapelle mit zwei gotischen Steinfiguren seitlich des Barockaltars
4 Ursulakapelle (heute evangelische Sakristei)
5 Katholische Sakristei, Stumpf des romanischen Südostturmes
6 Taufkapelle, Stumpf des romanischen Südwestturmes

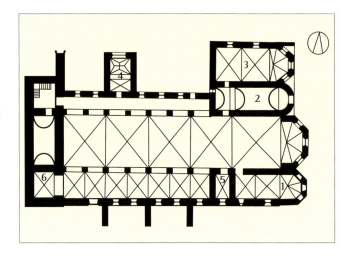

Dem Bau der romanischen Zeit fügte die Spätgotik in der zweiten Hälfte des 15. Jahrhunderts die Sakristei und die Marienkapelle hinzu. Auch der Chor erhielt damals seinen jetzigen Abschluß mit drei Maßwerkfenstern.
Ende des 19. Jahrhunderts ergänzte man die Westpartie durch den Einbau einer neoromanischen Empore.
Von der romanischen Ausstattung blieben in der Kreuzkapelle bemerkenswerte Reste des alten Fußbodens mit unterschiedlichen Tonfliesen erhalten.
Bedeutende Arbeiten der Bildhauerei des späten 14. Jahrhunderts sind zwei Sandsteinfiguren auf spätgotischen Konsolen neben dem Altar. Sie stellen heilige Märtyrerinnen dar.
Die Kirche wird seit 1614 simultan genutzt, also sowohl für evangelische als auch katholische Gottesdienste.

3 Hillersleben

Ehem. Benediktinerinnenkloster St. Laurentius

Der berühmte Chronist und Bischof Thietmar von Merseburg erwähnte 1002 erstmals das Benediktinerinnenkloster Hillersleben, das dem besonders unter Otto I. verehrten hl. Laurentius sowie den heiligen Petrus und Stephan geweiht war. Es fiel jedoch bereits unter Otto III. den Slawen zum Opfer. Danach ließ es Gero von Magdeburg mit seiner Schwester Enhilde von Domersleben wohl als Hauskloster erneuern. Für das 11. Jahrhundert weisen die Quellen vorübergehend ein Kanonikerstift nach, später folgte die Besetzung mit Mönchen aus Ilsenburg.
In der wechselvollen Geschichte des Klosters erfolgte im ausgehenden 12. Jahrhundert die Zerstörung während der Kämpfe mit

Heinrich dem Löwen. Im 13. Jahrhundert ermöglichten jedoch die ertragreichen Güter einen wirtschaftlichen Aufschwung, der durch Ablaßprivilegien um 1400 noch gesteigert wurde.

Erst 1577 übernahm man hier die Augsburger Konfession. 1687 wurde ein brandenburgisches Domänenamt eingerichtet, dessen Einkünfte im 18. Jahrhundert vorübergehend auch für die Ausstattung der theologischen Fakultät der Universität Halle verwendet wurden.

Der Grundriß der erhaltenen Klosterkirche geht wohl auf einen Bau der Zeit um 1100 zurück. Erhalten sind jedoch nur Teile des Neubaus nach 1179, der vermutlich eine flachgedeckte Pfeilerbasilika mit Querschiff, ausgeschiedener Vierung, rechteckigem Chor mit Apsis und zwei ebenfalls apsidial geschlossenen Nebenchören war. Der dreiteilige Westquerbau ähnelte dem Dom zu Minden. Der heutige Bau geht allerdings hauptsächlich auf einen Wiederaufbau nach Zerstörungen 1550 zurück; die romanischen Ostteile wurden 1788 abgebrochen.

Hervorzuheben sind die restauratorischen Arbeiten im 19. Jahrhundert. Ferdinand von Quast hatte als Konservator der Kunstdenkmäler in Preußen den Wiederaufbau des „einzigen Benedik-

Anschrift
Ehem. Benediktiner-
nonnenkloster St. Laurentius
39343 Hillersleben

Öffnungszeiten
Besichtigung nur von außen
jederzeit möglich.

Eintrittspreise
Eintritt kostenlos, Spende
erwünscht

Führungen
z. Zt. nicht möglich

Unser Tip
Besucher sollten auch einmal von
der Route abweichen und sich die
romanische Dorfkirche in
Wedringen anschauen.

Anreise mit PKW
Wedringen liegt an der B 71.

Anreise mit ÖPNV
Busverkehr von Haldensleben

Parkplätze
10 Parkplätze für PKW,
3 für Busse

Toiletten
in der Gaststätte „Kastanieneck"

*Hillersleben, Kirche des
ehemaligen
Benediktinerinnenklosters*

1 Neoromanischer Westbau mit Doppelturmfront, 1863 und 1878–1880
2 Romanisches Mittelschiff des basilikalen Langhauses
3 Chorapsis, um 1787/1788, Ausmalung von 1865
4 Romanische Choranlage (1787/1788 abgebrochen)
5 Nördliches Seitenschiff mit Portalvorbau, 1878–1880
6 Reste des nördlichen Kreuzgangflügels
7 Ostflügel der Klausur mit Kapitelsaal und Dormitorium (nicht zugänglich), an der Ostfassade romanische Reliefs
8 Südflügel der Klausur

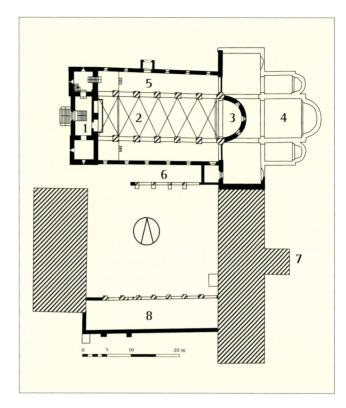

tinerklosters der Mark" empfohlen. Mit drei Kreuzgangflügeln war die Klausur noch vollständiger als heute, jedoch nahm der „vorhandene Unterbau des 1811 eingestürzten Turmes dem sonst schmucklosen Gebäude ganz das kirchliche Aussehen" (Quast). Entsprechend erfolgte 1859–1880 nicht nur der Anbau einer neuen Ostapsis, sondern auch die Errichtung einer „benediktinischen" Doppelturmfassade nach dem Vorbild der Jerichower und Burger Türme, entworfen von Friedrich August Stüler.

4 Hundisburg

Ruine der Pfarrkirche Nordhusen

Die malerisch gelegene Kirchturmruine Hundisburg gehörte zu dem jetzt wüsten Dorf Nordhusen.
Der stattliche Westquerturm ist um 1200 erbaut worden und besteht aus dem für die Landschaft typischen regelmäßigen Bruchsteinmauerwerk.

Anschrift
Ruine Nordhusen
39343 Hundisburg

Öffnungszeiten
ständig frei zugänglich

Eintrittspreise
Eintritt frei

Führungen
nach Voranmeldung beim
Museum Haldensleben
Tel.: (03904) 27 10

**Ansprechpartner für
Führungen**
Ulrich Hauer
Tel.: (03904) 27 10 oder
4 28 08

Übernachtungen
Schloß Hundisburg
Schloßherberge
Tel.: (03904) 4 42 65

Torhausherberge
Tel.: (03904) 4 28 35

Unser Tip
Besuch der Stadt
Haldensleben mit Museum

Anreise mit PKW
von der A 2, Abfahrt
Haldensleben auf die B 245
bis Abzweigung Hundisburg
bzw. von der B 71 über
Haldensleben

Anreise mit ÖPNV
Es bestehen
Busverbindungen.

Parkplätze
40 Parkplätze für PKW,
10 für Busse, keine
Parkgebühren

Informationsmaterial
Kunstführer „Die Ruine

Nordhusen", im Schloßladen
Ansichtskarten, Broschüren

Gaststätten
Schloß-Café und Restaurant
täglich außer montags von
11.30 bis 22.00 Uhr
geöffnet
Tel.: (03904) 46 28 04

Toiletten
in der Ziegelei und im
Schloßrestaurant zu den
jeweiligen Öffnungszeiten
für die Besucher der
Einrichtungen

Angebote im Ort
Schloß und Barockgarten,
Landschaftspark,
Technisches Denkmal
Ziegelei,
Ökoschule,
Schulmuseum

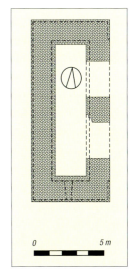

*Hundisburg. Ruine
Nordhusen*

5 Bebertal
Friedhofskapelle

Anschrift
Friedhofskapelle
39343 Bebertal

Öffnungszeiten
richten sich nach den
Öffnungszeiten des Friedhofs

Eintrittspreise
keine

Führungen
nach Voranmeldung

Ansprechpartner für Führungen
Pastor Steinacker
Am Alten Markt 11
39343 Bebertal
Tel.: (039062) 402

Unser Tip
Besuch der romanischen, barock erweiterten Markt-Kirche St. Jacobi am Alten Markt, Besteigung des romanischen Landratsturms auf der Veltheimsburg.

Anreise mit PKW
an der B 245 von Haldensleben kommend in Richtung Uhrsleben Ortsausgang

Anreise mit ÖPNV
Busverbindungen vorhanden

Parkplätze
15 Parkplätze für PKW, 1 für Busse

Informationsmaterial
Romanik im Ohrekreis: Teil II – Friedhofskapelle Bebertal und Kirchenruine Nordhusen

Ursprünglich bestanden im Tal der Bever vier selbständige Gemeinden. Die Großgemeinde Alvensleben entstand erst 1928 durch Zusammenlegen des bisherigen Dorfes, der Burg und des Marktfleckens Alvensleben und bildet seit 1950 mit Dörnstedt die Gemeinde Bebertal. Der älteste Teil des Ortes Alvensleben liegt sicher um die Kirche, die heute als Friedhofskapelle dient. Sie gehört zu den seltenen erhaltenen Kleinkirchen aus dem 10. Jahrhundert.

Erst im Verlaufe der Christianisierung unter Karl dem Großen errichtete man vereinzelt christliche Bauten in Sachsen. Die Salvatorkapelle in Paderborn verkörpert den Ursprung einer Gruppe von Saalkirchen, die im ganzen karolingischen Reich und bis ins hohe Mittelalter als Dorfkirchen, gelegentlich um eine Rundapsis oder ein Chorquadrat erweitert, anzutreffen sind. Allerdings wurden Steinbauten in unserem Gebiet verstärkt erst im 11. Jahrhundert errichtet.

Der Sage nach gründete Bischof Hildegrim von Halberstadt im 9. Jahrhundert auf Veranlassung des Kaisers Ludwig des Frommen 35 Kirchen und weihte sie dem hl. Stephanus, dem ersten Märtyrer der Christenheit. Dazu gehörte wohl auch die Kirche von Alvensleben.

Der kleine rechteckige Saal ist aus Feldsteinen errichtet. Nord- und Südwand besitzen ein feingliedriges Gesims aus Platte und Wulst. Die beiden ursprünglich romanischen Fenster in der Südwand sind erneuert.

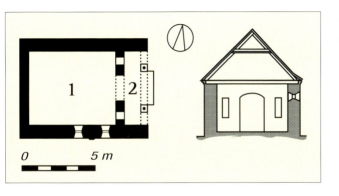

1 Romanischer Rechtecksaal
2 Vorhalle anstelle der Ostpartie

Die Ostwand fiel im 19. Jahrhundert der Umwandlung in einen altgriechischen Tempel mit einer Vorhalle zum Opfer. Zwei hölzerne Säulen stützen jetzt den Giebel. Die ursprüngliche Dachform kann nicht mehr nachgewiesen werden.

Walbeck 6

Ruine der Stiftskirche St. Marien und Sarkophag Graf Lothars II. in der Dorfkirche

Die Burg Walbeck über der Aller wurde bereits im 9. Jahrhundert Sitz einer Hochadelsfamilie, die im 11. Jahrhundert die Markgrafenwürde der Nordmark erlangte. Berühmtester Vertreter der Grafen von Walbeck ist Thietmar, Bischof von Merseburg (1009 bis 1018) und Verfasser einer der bedeutendsten Chroniken des Hochmittelalters.

Anschrift
Dorfkirche St. Michaelis
39356 Walbeck

Öffnungszeiten
nur nach Voranmeldung bei
Frau Helga Becker
Tel.: (039061) 33 79

Eintrittspreise
keine

Führungen
nur nach Voranmeldung zur
Stiftskirchenruine und durch die
Heimatstube

Ansprechpartner für Führungen
Jutta Pätz
Kantorat
39356 Walbeck
Tel.: (039061) 40 20

Eintrittspreise
1,50 EUR/Person, Führung nach Voranmeldung

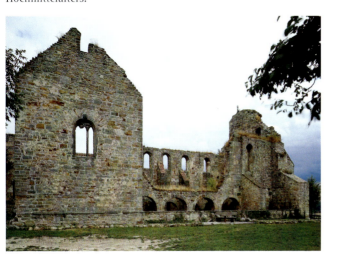

29

1 Ort des ottonischen Westbaus
2 Ottonisches einschiffiges Langhaus, später um Seitenschiffe zur Basilika ergänzt
3 Ottonisches Querhaus mit Grab- oder Gedächtnisanlage für Graf Lothar II. von Walbeck
4 Chor mit Apsis
5 Romanischer Westquerbau

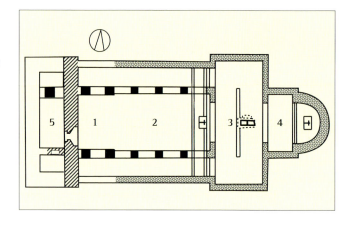

Ausstellungen
Ausstellung in der Heimatstube, die sich mit der Geschichte des Walbecker Grafengeschlechts und der Stiftskirche befaßt

Anreise mit ÖPNV
Busverbindung von Haldensleben und Helmstedt aus

Parkplätze
10 Parkplätze für PKW, 3 für Busse

Toiletten
vorhanden (in der Heimatstube)

Um 942 mußte Graf Lothar II. als Sühne für die Beteiligung an einer Verschwörung gegen Otto I. in seiner Hauptburg ein Chorherrenstift errichten, das ihm zugleich als Grablege diente.
Die ottonische Stiftskirche St. Marien, St. Pankratius und St. Anna, eine flachgedeckte kreuzförmige und vierjochige Pfeilerbasilika, wurde vermutlich um 1000 nach Westen erweitert. Für 1100 lassen sich weitere Veränderungen nachweisen. Die westlichen Teile wurden 1219 mit der Burg geschleift. Dabei trug man auch den Westquerturm der Stiftskirche ab, vermauerte die Arkaden zum Mittelschiff brach hohe Rundbogenfenster zwischen die Kreisfenster der Langhausobergaden sowie in Querhaus, Chor und Apsis ein und erneuerte den westlichen Triumphbogen.
Das seit 1591 evangelische Stift wurde erst 1811 aufgelöst und 1832 der Ortsgemeinde zur Schaffung von Armenwohnungen überlassen.
Im 19. Jahrhundert bemühte sich Ferdinand von Quast unter dem Hinweis auf die besondere landschaftliche Lage und den

Die Grabplatte des Stifters Lothar II. von Walbeck ist eines der wenigen erhaltenen fürstlichen Grabmäler der ottonischen Zeit. Seine Boden- und Deckelkanten sind feinteilig profiliert. Die Seiten umläuft ein Arkadenfries. Die gedrungenen Säulchen besitzen blockartige Basen und tektonische Kapitelle. Den Deckelrahmen bilden weiße, rote und schwarze gleichseitige Dreiecke und eine Wellenranke mit Blättchen und Trauben neben Doppelwulsten.

geschichtlichen Wert des frühen Bauwerkes um die Erhaltung der Stiftskirche. Die preußische Regierung bewilligte jedoch die mit 1600 Taler veranschlagte Restaurierung nicht, obwohl bereits das 18. Jahrhundert den kunstgeschichtlichen Wert und die Bedeutung der in die „deutsche Vorzeit" weisenden Geschichte der Stiftskirche erkannt hatte. Erst um 1900 führte man mit Unterstützung der Provinzial-Denkmälerkommission Sicherungsarbeiten am inzwischen ruinösen Bauwerk durch.
1934 erfolgte die Sicherung der Nordwand durch einen Pfeiler im Nordseitenschiff. Gleichzeitig wurde das Querhaus ergraben. Dabei konnte man die Grabanlage des Stifters als Zentrum des Gründungsbaus inmitten des Querhauses nachweisen. In einer nach Osten vorspringenden Grabkammer war dort Lothar II. in einem Holzsarg bestattet. Der sarkophagähnliche Stuckaufsatz über der Grabkammer konnte geborgen und in die neoromanische Dorfkirche von Walbeck gebracht werden. Dort wird zudem eine romanische Bronzeglocke aus der Stiftskirche aufbewahrt. Sie ist mit eingeritztem Anker, Kreuzen und Alpha und Omega geschmückt.

Die Ruine der Stiftskirche in Walbeck gehört neben der Stiftskirche Gernrode zu den wertvollsten Zeugnissen der ottonischen Kunst in Sachsen-Anhalt.

Wiepke 7
Evangelische Dorfkirche

Die Dorfkirche in Wiepke verkörpert einen Bautypus, wie er für zahlreiche romanische Dorfkirchen der Alten Mark bezeichnend ist. Es handelt sich um einen flachgedeckten Feldsteinbau mit kurzem, gedrungenem Schiff, eingezogenem quadratischen Chor und Westturm, der im Glockengeschoß leicht zurückgesetzt und durch ein Satteldach mit Dachreiter abgeschlossen ist. Die Öffnungen wurden bis auf eine rundbogige Priesterpforte an der Nordseite verändert. Von der Innenausstattung ist neben der bemalten Kassettendecke im Chor (1602) die frühgotische Taufe in Pokalform mit Kugelschmuck am Schaft hervorzuheben.

Engersen 8
Evangelische Dorfkirche

Die im Kern spätromanische Feldkirche mit eingezogenem Chor und Westquerturm zeigt nachmittelalterliche Veränderungen, die für Kleinkirchenbauten des heutigen Sachsen-Anhalt typisch sind. So wurde im 16. Jahrhundert der Chor halbkreisförmig erweitert und im 18. Jahrhundert die Innenausstattung barockisiert. Dabei erfolgte der Einbau des schlichten Kanzelaltars, der Hufeisenempore und der verglasten Patronatsloge an der Südwand des Chores.

*Seite 32 oben:
Evangelische Dorfkirche Wiepke*

*Seite 32 unten:
Evangelische Dorfkirche Engersen*

Anschrift
Dorfkirche
39638 Wiepke

Öffnungszeiten
keine festen Öffnungszeiten

Eintrittspreise
keine

Führungen
nach Voranmeldung – auch bei Tourist-Info Kalbe
Tel.: (039080) 9 71 22 und Gardelegen (03907) 4 22 66

Ansprechpartner für Führungen
Gerald u. Martina Leichsenring
Beekendorfer Straße 7
39638 Wiepke
Tel.: (039085) 62 88

Unser Tip
Besichtigung der Stadt Gardelegen (u. a. Biermuseum); Besichtigung des Diesdorfer Freilichtmuseums und der Klosterkirche

Angebote im Ort
Wassermühle (Inh. Fr.-Wilhelm Gille, Wiepke); geführte Wanderungen durch das nahegelegene Waldgebiet; Sommersaison: Waldbad Zichtau

Anreise mit PKW
direkt an der B 71

Parkplätze
10 Parkplätze für PKW, 1 für Busse (nicht befestigt und ausgezeichnet)

Verkaufsangebot im Bauwerk
bei Führungen Verkauf von Postkarten

Toiletten
Möglichkeit der Toilettennutzung in der gegenüberliegenden Gaststätte „Zum Spelunkenwirt"

Anschrift
Dorfkirche
39638 Engersen

Öffnungszeiten
keine festen Öffnungszeiten

Eintrittspreise
keine

Führungen
nach Voranmeldung bzw. Tourist-Info Kalbe/Milde, Schulstraße 11
39624 Kalbe/Milde
Tel.: (039080) 9 71 22
Fax: (039080) 9 71 53

Ansprechpartner für Führungen
Pfarrer i. R. Dieter Wollner
Ortsstraße 2
39638 Engersen
Tel.: (039085) 63 89

Angebote im Ort
Stadtführung mit Burgbesichtigung in Kalbe/Milde (Anmeldung über Tourist-Info Kalbe/Milde s. o.); Freizeitbad Zichtau (Sommer); Wassermühle in Wiepke

Anreise mit PKW
B 71 Abzweig in Richtung Kalbe/Milde, Schild „Straße der Romanik" folgen

Anreise mit ÖPNV
Bus- und Bahnverbindung

Parkplätze
13 Parkplätze für PKW, 2 für Busse

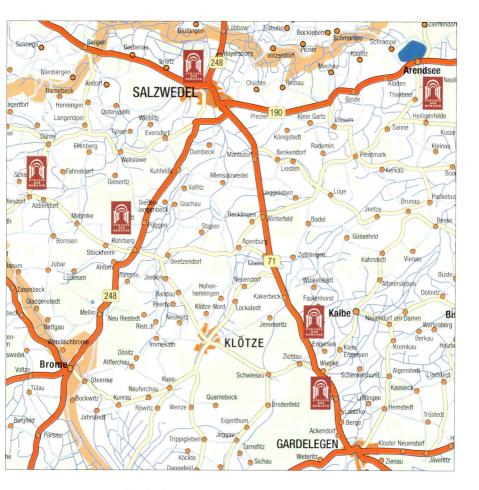

Rohrberg

Evangelische Dorfkirche

9

Wohl in der zweiten Hälfte des 12. Jahrhunderts wurde die Kirche als flachgedeckter Feldsteinbau mit rechteckigem Chor und halbkreisförmiger Apsis errichtet. Der aus der gleichen Zeit stammende Westquerturm mit seinen gekuppelten Schallöffnungen im Glockengeschoß erhielt 1752 einen Fachwerkaufsatz, der kreuzförmige Ausbau des Langhauses erfolgte 1884.
Die Innenausstattung spiegelt mehrere Jahrhunderte regionaler Kunstgeschichte: Eine romanische Taufe in Kelchform mit Würfelkapitell hat sich ebenso erhalten wie eine kielbogenförmige spätgotische Sakramentsnische mit Fialen und Krabbenschmuck. Die Kanzel stammt von 1691, wenig jünger ist der Altaraufsatz.

Nachträgliche Veränderungen bestimmen heute den Außenbau der Kirche Rohrberg: der Fachwerkaufsatz auf dem romanischen Westturm und die querschiffartige Erweiterung des Langhauses von 1884.

Anschrift
Dorfkirche
38489 Rohrberg

Öffnungszeiten
keine festen Öffnungszeiten

Eintrittspreise
Eintritt kostenlos, Spenden erwünscht

Führungen
nach Voranmeldung im ev. Pfarramt

Ansprechpartner für Führungen
Pfarramt
Hauptstraße 38
38489 Rohrberg
Tel.: (039000) 9 06 70

Unser Tip
Abstecher nach Diesdorf, Besuch der Augustiner-Nonnenklosterkirche und des Freilichtmuseums; Langobardenwerkstatt Zethlingen (Mai–Sept.)

Angebote in der Umgebung
Besichtigung der „Alten Burg" in Apenburg (erbaut 1351–1363); Park Beetzendorf mit seltenen Gehölzen u. artenreicher Vogelwelt; Großsteingrab nahe der Gemeinde Lüdelsen; Angeln am Rohrberger See (kostenpflichtig); Besuch des Ahlumer Sees mit Café

Anreise mit PKW
direkt an der B 248

Anreise mit ÖPNV
per Bahn bis Oebisfelde bzw. Salzwedel, dann weiter mit Bus (fährt täglich)

Parkplätze
10 Parkplätze für PKW, 1 für Bus

Informationsmaterial
Flyer zur „Straße der Romanik"

10 Diesdorf

Ehem. Augustinerinnenkirche St. Maria und Crucis

Graf Hermann von Warpke-Lüchow stiftete 1161 zu einer bereits bestehenden Pfarrkirche ein Chorherrenstift, das jedoch gegen 1200 von Chorfrauen übernommen wurde, denen ein nachgeordnetes Priesterkollegium zugesellt war. Neben der Grablege für die Stifterfamilie wurde dem Stift ausdrücklich die Mission der ansässigen Slawen übertragen. Diesdorf, das wegen seiner von Wassergräben umgebenen Lage auch als Marienwerder bezeichnet wird, erhielt eine reiche Güterausstattung: 33 bewohnte Dör-

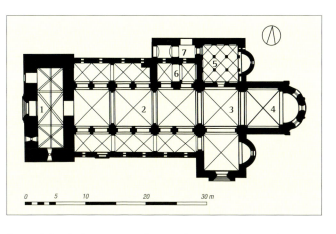

1 Westriegel mit Turm
2 Basilikales Langhaus
3 Vierung, im Chorbogen Triumphkreuzgruppe
4 Chor mit Altar
5 Gewölberaum (Krypta) unter der ehemaligen Nonnenempore
6 Heilig-Grab-Krypta mit gotischem Heiligem Grab
7 Rest des Kreuzgang-Südflügels

fer und fünf Wüstungen gehörten diesem reichsten Kloster der Altmark. 1551 wurde der Konvent in ein evangelisches weltliches Damenstift umgewandelt, 1810 erfolgte die Auflösung.
Im beginnenden 13. Jahrhundert errichtete man die Klosterkirche mit besonderer handwerklicher Sorgfalt als dreischiffige Basilika mit Westbau und Querhaus. Das Innere wird ganz vom Rot des Backsteines und dem Weiß der Fugen beherrscht. Das nur 5,70 m breite Mittelschiff ist durch doppelte Gurtbögen und Säulen bzw.

Die Klosterkirche Diesdorf zählt mit der ehemaligen Klosterkirche Arendsee zu den besterhaltenen spätromanischen Bauwerken der Altmark und ist die älteste gewölbte altmärkische Kirche im reif ausgebildeten, gebundenen Stil. Der zweigeschossige Turm und die Giebelabschlüsse des Westriegels sind Ergänzungen der Restaurierung von 1872.

Anschrift
Augustinernonnen-Klosterkirche
29413 Diesdorf

Öffnungszeiten
keine festen Öffnungszeiten

Eintrittspreise
keine, Spenden erwünscht

Führungen
nach Voranmeldung

Ansprechpartner für Führungen
Pfarrer Hofmüller
Schäfertor 7
29413 Diesdorf
Tel.: (03902) 327 oder
Frau Brigitte Osmers
Achtertrasse 5
29413 Diesdorf
Tel.: (03902) 93 96 40

Unser Tip
Abstecher zur Dorfkirche nach Osterwohle

(reichhaltige Innenausstattung aus dunklem Eichen- und hellem Lindenholz – einmalig in Deutschland!)

Angebote im Ort
Besuch im Freilichtmuseum, Klosterrundgang, Hünengrabwanderung, Radwanderweg
„Altmarkrundkurs" –
Heimatverein Diesdorf, Jürgen Kayser
Tel.: (039003) 80 569
Erlebnisbad Diesdorf (im Sommer)

Anreise mit PKW
von Salzwedel in Richtung Diesdorf/Wittingen (ca. 25 km); von Rohrberg in Richtung Diesdorf (ca. 15 km)

Anreise mit ÖPNV
per Bus

Parkplätze
30 Parkplätze für PKW, 2 für Busse

Informationsmaterial
Infoblatt und Broschüre

Verkaufsangebot im Bauwerk
Postkarten und Broschüren können bei Führungen und Kirchenveranstaltungen erworben werden.

Besonderheiten
zusätzliche Parkmöglichkeiten auf dem neu eingerichteten Parkplatz für PKW und Busse in Kirchennähe (ca. 100 m)

Pfeiler streng gegliedert und scheint sich in den deutlich sichtbaren Graten der weißen Gewölbe zu weiten. Chor und Querhäuser werden im Osten durch halbrunde Apsiden abgeschlossen. Im nördlichen Querhaus ist die Nonnenempore überkommen, durch einen gotischen Anbau nach Westen erweitert. Er beherbergt eine 1332 genannte Heilig-Grab-Kapelle, in der sich als Heiliges Grab ein aufklappbarer, hölzerner Schrein mit einer geschnitzten Figur des auferstandenen Christus befindet.

Ein Grabstein für den 1273 verstorbenen Grafen Hermann von Lüchow zeigt den Verstorbenen in einer Ritzzeichnung mit Schild und geschultertem Schwert. Die Kreuzigungsgruppe auf dem Triumphbalken ist eine Arbeit aus dem 15. Jahrhundert. Neben einem 16-armigen Kronleuchter aus Bronze besitzt die Kirche von der mittelalterlichen Ausstattung zudem ein hölzernes Armreliquiar.

Nach dem Vorbild der Restaurierungen in Arendsee und Jerichow wurde die Klosterkirche Diesdorf in einer reduzierten Backstein-Rohbaufassung wiederhergestellt; dazu war zunächst die Rekonstruktion der nördlichen Seitenschiffwand erforderlich. Der Wappenfries ist eine dekorative Ergänzung.

Die Restaurierung der Klosterkirche wurde im 19. Jahrhundert großzügig finanziert, 1872 sogar eine Turmerhöhung ausgeführt. Damit erreichte man die beabsichtigte Monumentalisierung des Baus. Im Inneren schließen sich die neuen Einbauten (Emporen, Brüstungen, Kanzel, Taufe) dem spätromanischen Bestand an und sind ebenfalls als Backsteinrohbau behandelt und gefaßt.

Salzwedel
Katholische Pfarrkirche St. Lorenz

Die Lorenzkirche ist wohl im 13. Jahrhundert als Kirche der Burgsiedlung, die der Sicherung der alten Salzstraße von Lüneburg nach Magdeburg diente, errichtet worden. Im Schutze der 1112 erstmals erwähnten Burg im Tal der Jeetze hatte sich ein kleiner Marktflecken gebildet, in dem bereits im 12. Jahrhundert Münzen geprägt wurden und der sich nach 1233 als voll entwickeltes städtisches Gemeinwesen belegen läßt.
An der schiffbaren Jeetze entstand ein kleiner Hafen und bis zu Beginn des 16. Jahrhunderts war die Stadt Mitglied der Hanse. Ihr Name Salzwedel (Salzfurt) deutet auf den Zusammenhang mit dem Lüneburger Salzhandel hin.

Auch für die kleine Lorenzkirche spielte das Salz eine schicksalhafte Rolle: Ab 1692 diente die romanische Backsteinbasilika für 150 Jahre als Salzlager der „Königlichen Salzfactorey". Dafür wurden die Arkaden vermauert sowie die Seitenschiffe abgebrochen; 1794 erfolgte die Beseitigung des Turmes. Salzschäden blieben nicht aus, so daß man in der Mitte des 19. Jahrhunderts sogar einen totalen Abriß erwog. Doch die katholische Gemeinde kaufte die Kirche und bewahrte sie vor der endgültigen Zerstörung.
Nach den Restaurierungen des 19. Jahrhunderts erfolgten 1961–1964 und 1983–1990 umfangreiche Instandsetzungen. So präsentiert sich die Kirche nun mit dem einst den Turm tragen-

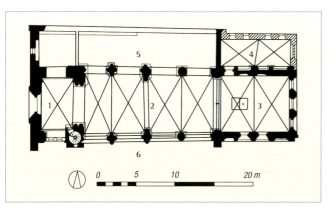

1 Westbau, der Turm 1794 abgebrochen
2 Mittelschiff des romanischen basilikalen Langhauses
3 Chor mit gotischem Gewölbe
4 Spätgotische Sakristei
5 Auf mittelalterlichen Fundamenten neu errichtetes Nordseitenschiff
6 Abgebrochenes Südseitenschiff

Der besondere Reiz der St. Lorenzkirche liegt in ihren vielfältigen Formen, die aus dem Zusammenklang von rotem Backstein, weißen Blendnischen und der Verwendung schwarz glasierter Formsteine für Schmuckelemente entstanden und am Schaugiebel ihren Höhepunkt erreichen.

Anschrift
Lorenzkirche,
Holzmarktstraße
29410 Salzwedel

Öffnungszeiten
Sommer:
Mo–Sa 10.00–11.00 Uhr u.
 14.00–15.00 Uhr,
So 9.30–11.00 Uhr
 (Gottesdienst) u.
 14.00–15.00 Uhr
Winter:
Mo–Sa 14.00–15.00 Uhr,
So 9.30–11.00 Uhr
 (Gottesdienst) u.
 14.00–15.00 Uhr

Eintrittspreise
keine, Spenden erwünscht

Führungen
nach Voranmeldung

Ansprechpartner für Führungen
Pfarrer Werner
An der Marienkirche 5
29410 Salzwedel
Tel.: (03901) 42 33 57

Unser Tip
Baumkuchenschaubacken,
Besuch der drei
evangelischen Kirchen,
Ritteressen im „Eiskeller"

Angebote im Ort
Mitternachtsstadtführungen, Hansefest, Burggarten mit Burgruine, Neuperver Tor, Steintor, Karlsturm, Jenny-Marx-Haus, Bürgermeisterhof

Anreise mit PKW
über die B 71, B 190 oder B 248

Anreise mit ÖPNV
mit Bahn und/oder Bus

Parkplätze
8 Parkplätze für PKW,
2 für Busse und 1 Parkplatz
für Behinderte
(Parkscheinautomat)

Informationsmaterial
Infoblatt und Broschüre

Verkaufsangebot im Bauwerk
Keramikteller, Kacheln mit Kirchenmotiv, Postkarten, Fotos etc.

Toiletten
im Burggarten (ca. 300 m vom Bauwerk entfernt)

den Westbau, der sein ursprüngliches Kreuzgratgewölbe bewahrt hat, dem Mittelschiff und dem wiedererstellten nördlichen Seitenschiff, dem Chor und der nördlich anschließenden spätgotischen Sakristei. Sie besticht durch den bemerkenswerten Formenreichtum mittelalterlicher Bauornamentik.

Die Baugeschichte läßt erahnen, daß die mittelalterliche Ausstattung verlorenging. Nur ein spätromanischer Bronzeleuchter wurde bei Grabungen gefunden und steht jetzt im Pfarrhaus.

Im Inneren wird gleichfalls die Freude an unterschiedlichen Formen spürbar. Der rechteckige Chor und die Nischengliederung sind auch in anderen altmärkischen Backsteinbauten nachweisbar und verraten westfälischen Einfluß.

Arendsee

Ehem. Benediktinerinnenkloster St. Johannes Ev. und Nikolaus

Markgraf Otto I., Sohn Albrechts des Bären, stiftete 1183 ein Benediktinerinnenkloster am Arendsee. Unter der Vogtei der brandenburgischen Markgrafen erhielt es reiche Schenkungen. Kurfürst Joachim II. wandelte es in ein adliges Damenstift um, das erst 1812 aufgehoben wurde. Seither dient die Klosterkirche als evangelische Pfarrkirche.

Die Klosterkirche entstand ab 1185 und ist seit einem Planwechsel ab 1235 gewölbt. In seltener Klarheit blieb die Kreuzform bis heute erhalten. Der romanische Bau, eine vollständig gewölbte

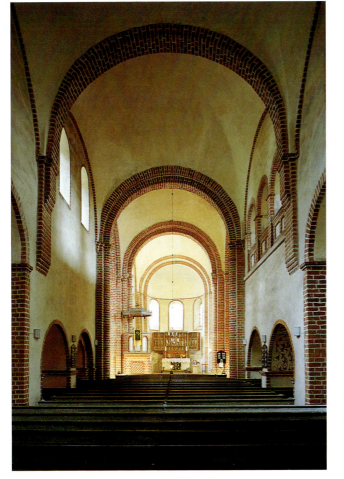

Anschrift
Klosterkirche, Amtsfreiheit,
39619 Arendsee

Öffnungszeiten
Sommer (1. Mai bis 3. Oktober):
Di–So 14.00–17.00 Uhr,
Winter: nach Vereinbarung

Eintrittspreise
keine, Spenden erwünscht

Führungen
Di 10.00 Uhr, Do 14.30 Uhr u.
nach Absprache mit dem ev.
Pfarramt

Ansprechpartner für Führungen
Evangelisches Pfarramt
Am Markt 2
39619 Arendsee
Tel.: (039384) 22 26
Fax: (039384) 22 26

Die Klosterkirche St. Johannes Ev. und Nikolaus ist einer der größten gewölbten Ziegelbauten Sachsen-Anhalts und neben Diesdorf der bedeutendste Nachbau der Klosterkirche Jerichow. Das weiße Fugennetz über dem roten Grund der Wände bestimmt wie in Diesdorf den Eindruck des Inneren.

1 Chor mit Altar
2 Vierung mit Triumphkreuz
3 Nordquerhaus, Ort der ehemaligen Nonnenempore
4 Sakristei
5 Zweigeschossiger Südanbau, heute im Obergeschoss Aufstellungsort mittelalterlicher Skulpturen
6 Langhaus mit Orgelempore
7 Südflügel des Kreuzganges

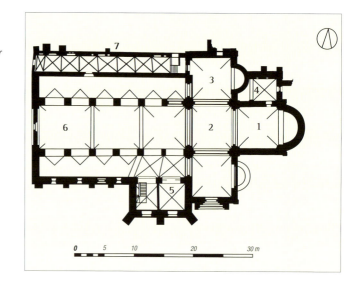

Unser Tip
Dampferfahrt, Tempelanlage Gustav Nagel, Fischessen beim Fischer

Angebote im Ort
Bockwindmühle, Heimatmuseum, Planwagenfahrten

Anreise mit PKW
über die B 190 zwischen Seehausen und Salzwedel

Anreise mit ÖPNV
am Wochenende mit Regionalbahn, sonst Schienenersatzverkehr oder Buslinie Salzwedel–Seehausen

Parkplätze
10 Parkplätze für PKW, weitere PKW- und Busparkplätze ca. 300 m vom Bauwerk entfernt (Stadtmitte)

Informationsmaterial
Kirchenführer und Faltblatt
Verkaufsangebot im Bauwerk: Kirchenführer, Postkarten, Fotos

Toiletten
öffentliches WC im Museum, ca. 100 m vom Bauwerk entfernt

Pfeilerbasilika mit ursprünglich drei Apsiden, steht stilistisch zwischen der flachgedeckten Klosterkirche in Jerichow und der gewölbten Klosterkirche in Diesdorf. Das großzügige Innere ist über dem Mittelschiff, dem Querschiff und dem Chor von einem kuppeligen Gewölbe mit verlaufenden Graten überspannt. Die ursprünglich romanische Nonnenempore ist durch spätgotische Erweiterungen zu einem quadratischen Raum gewachsen.

Der heutige Zustand der Kirche geht wesentlich auf die denkmalpflegerischen Maßnahmen des 19. Jahrhunderts zurück. Für ihre Erhaltung wurden 1849 Vorschläge zur „gründlichen und würdigen Restaurierung" genehmigt. Bei der Restaurierung öffnete man das vermauerte Querhaus und entfernte das Türmchen über dem Westgiebel. Weiterhin erfolgte der Bau eines Dachreiters über der Vierung nach frühgotischem Vorbild sowie die Neugestaltung der Westfassade. Das im Barock veränderte Rauminnere erhielt eine Raumfassung als Backsteinrohbau mit weißen Putzflächen der Wände und Gewölbe.

Von der mittelalterlichen Innenausstattung der Klosterkirche blieben aus romanischer Zeit nur ein achteckiger Taufstein, aus frühgotischer Zeit ein Kruzifix sowie zahlreiche spätgotische Schnitzfiguren bewahrt.

Von den ehemaligen Klostergebäuden sind weitere bauliche Reste erhalten. So nutzt das Heimatmuseum das ehemalige Hospital und den südwestlichen Kreuzgang. Weitgehend bestehen blieben auch die Außenmauer des Ostflügels, der den Kapitelsaal und das Dormitorium beherbergte, die Innenmauer des Nordflügels, der die Klausur zum See hin abschloß, und der ebenfalls zum Klosterkomplex gehörende Glockenturm, der sogenannte Kluthturm.

Havelberg

Ev. Dom und ehem. Prämonstratenserstift St. Marien

Der Westriegel gibt der Kirche ein eigenes Gesicht: Hier überwog gegenüber der liturgischen Funktion das Bedürfnis nach Wehrhaftigkeit.

1 Romanischer Westturm
2 Romanisches Langhaus, gotisch umgebaut
3 Nördliches Seitenschiff mit gotischen Glasmalereien (um 1320 bis 15. Jh.)
4 Barocke Kanzel von 1693
5 Spätgotischer Lettner
6 Chor mit frühgotischem Chorgestühl
7 Barocker Altar von 1700
8 Marienkapelle
9 Annekapelle
10 Kreuzgarten mit Kreuzgang (Prignitzmuseum)
11 Ostflügel der Klausur
12 Kapitelsaal
13 Südflügel der Klausur mit Sommer- und Winterrefektorium
14 Westflügel der Klausur mit Cellarium (Speicher), heute kath. Kapelle St. Norbert

Auf einer eiszeitlichen Anhöhe über der Havel entstand nach 929 als Brückenkopf für die Expansion in den slawisch besiedelten ostelbischen Raum eine frühdeutsche Burganlage. Nach der Gründung des Missionssprengels Havelberg 948 (946?) übereignete Otto I. dem ersten Bischof Dudo umfangreiche Besitzungen, u. a. die Hälfte der Burg und des Burgbezirkes Havelberg.

Im großen Slawenaufstand von 983 zerstörte das liutizische Heer den Bischofssitz. Erst Albrecht der Bär brach als Markgraf der Ostmark 1136–1138 den bewaffneten Widerstand der Liutizen.

Anselm, ein enger Freund und Vertrauter des Ordensstifters der Prämonstratenser Norbert von Xanten, wurde 1129 von diesem zum Titularbischof von Havelberg ernannt. Jedoch erst nach 1146 begann er, seine Diözese auch de facto in Besitz zu nehmen. Havelberg wurde der Anlaufpunkt eines Heeres des „Wendenkreuzzuges", wiederum unter Führung Albrechts des Bären.

Anselm veranlaßte 1149/1150 den Neu- bzw. Wiederaufbau seiner Kathedralkirche und siedelte gleichzeitig einen Prämonstratenser-Konvent an, der vom Kloster Unser Lieben Frauen in Mag-

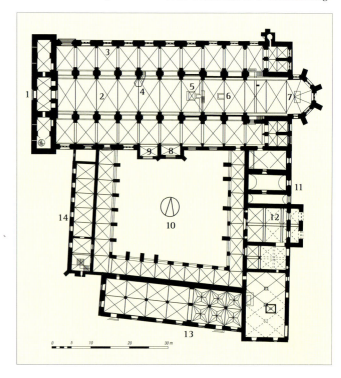

Der Innenraum hat durch den Wiederaufbau zwischen 1279 und 1330 sein beeindruckendes gotisches Gepräge erhalten. Kanzel und Altar stammen aus der Barockzeit (um 1700).

deburg besetzt wurde. Außerdem sicherte er sich bei König Konrad III. die Unterstützung für Kolonisten, die ausschließlich dem Bistum unterstellt waren.

Die Markgrafen von Brandenburg bemühten sich, Einfluß auf die Stiftsangelegenheiten zu bekommen. Unter Kurfürst Joachim erfolgte 1507 die Aufhebung des Konvents, aber erst 1819 wurde das Domstift endgültig aufgelöst.

Bischof Wichmann von Magdeburg weihte 1170 den romanischen Dom St. Marien in Havelberg, eine langgestreckte, dreischiffige Pfeilerbasilika. Diese fiel 1279 einem Brand zum Opfer; der Wiederaufbau war 1330 abgeschlossen. Dabei blieb im Grundriß und im baulichen Kern die romanische Anlage erhalten – eine harmonische Synthese zwischen romanischen und gotischen Elementen entstand. Der 30 Meter breite und sechs Meter tiefe Turm endete zunächst mit einem umlaufenden Zinnenkranz. Um 1200 erfolgte eine Aufstockung mit dem Glockengeschoß, das 1907/1908 noch um ein neoromanisches Klanggeschoß erhöht wurde.

Die Stiftsgebäude schließen sich südlich des Domes an. Der Ost- und der Südflügel gehören zu den frühesten Ziegelbauten östlich

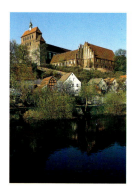

Mit turmartigen Anbauten an den Chorjochseiten, in deren Geschossen sich jeweils Kapellen befinden, jedoch ohne Querschiff, stellt der Dom eine ungewöhnliche Ausnahme in der Architektur des 12. Jahrhunderts dar.

rechts, oben: Zu den besonderen Schätzen des Havelberger Doms gehören bedeutende Reste der mittelalterlichen Verglasung mit hervorragenden Glasmalereien des 14. Jahrhunderts; dargestellt sind hauptsächlich Szenen aus der Kindheitsgeschichte Jesu und aus der Passion.

Ein umfangreicher Passionszyklus bildet auch das Hauptprogramm des spätgotischen Lettners, der unter Bischof Johann von Wöpelitz 1396–1411 entstand. Seine reich gegliederte Schauwand ist zum Langhaus gerichtet; der hervorragende Skulpturenschmuck stammt wohl von verschiedenen Händen.

Anschrift
Dom St. Marien
Domplatz
39539 Havelberg

Öffnungszeiten
April u. Okt.:
Mo–Fr 10.00–17.00 Uhr,
Sa/So 10.00–18.00 Uhr,
Mai–Sept.:
Mo–So 10.00–18.00 Uhr,
Nov.–März:
Mo–So 10.00–16.00 Uhr

Eintrittspreise
keine, Spenden erwünscht

Führungen
nach Vereinbarung, 1 Woche Voranmeldung erwünscht (1,50 EUR/Pers.)

Spezialführungen
Themen nach Absprache, z. B. Domführung mit Orgelmusik (2,50 EUR/Person), Lettner- und Orgelführung

Ansprechpartner für Führungen
Domkantor Gottfried Förster
Platz des Friedens 10
39539 Havelberg
Tel.: (039387) 8 93 80
Fax: (039387) 2 06 46

Ausstellungen
ständige Keramik-Ausstellung im Dom
Unser Tip: Prignitzmuseum am Dom, „Dekanatsgarten – Paradiesgarten", Blick auf die Stadt und die Havelberger Ebene

Angebote im Ort
Orchideenwiese,
Naturlehrpfade,
Biberbeobachtung möglich

Anreise mit PKW
über die B 107

Anreise mit ÖPNV
mit Bus

Parkplätze
20 Parkplätze für PKW,
6 für Busse, für Busse steht der Busbahnhof am Wasserturm (100 m entfernt) zur Verfügung

Informationsmaterial
Domführer, Lettnerführer
Verkaufsangebot im Bauwerk, Karten, Domführer etc.

Toiletten
Toilettenhäuschen am Parkplatz

der Elbe. Der älteste Teil ist der zweigeschossige Ostflügel (um 1150) mit dem Kapitelsaal, der Küche und dem Dormitorium. Er zeigt noch heute überwiegend romanische Bauelemente. Der östliche Kreuzgang wiederum dokumentiert in seinem Untergeschoß den Übergang zur Gotik und wurde erst im 15. Jahrhundert aufgestockt, während der südliche Kreuzgang mit reicher Fassadengliederung um 1250 bereits zweigeschossig ausgeführt wurde. Der Westbau im Stil der norddeutschen Backsteingotik entstand nach 1250. Zu dem großen Komplex gehört der Dombezirk, in dem weitere Stiftsgebäude aus sechs Jahrhunderten zu finden sind.

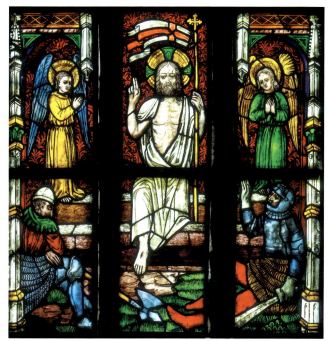
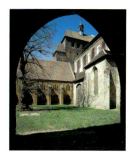

Die Klausur mit dem malerischen Kreuzgarten bildet zusammen mit der ehemaligen Bischofskirche ein Ensemble von außergewöhnlicher architektonischer Schönheit und kulturhistorischer Bedeutung.

Der spätgotische Lettner im Dom

Sandau
Ev. Pfarrkirche St. Nikolai und Laurentius

In der kleinen Ackerbürgerstadt Sandau, die sich durch ein gitterförmiges Straßennetz als planmäßige Gründung ausweist, entstand um 1200 die Pfarrkirche. Es handelt sich um eine dreischiffige Backstein-Basilika ohne Querschiff, mit längsrechteckigem Chor und halbkreisförmiger Apsis.

Der Turm tritt – ähnlich wie beim Havelberger Dom – massig über die Fluchten der Seitenschiffe hervor. Die Kirche ist flachgedeckt, nur im Chor ist ein zweijochiges spätgotisches Kreuzrippengewölbe vorhanden. Nach einem Brand 1695 wurde die Kirche barock erneuert.

St. Nikolai in Sandau ist nicht nur ein vereinfachter Nachfolgebau der Jerichower Klosterkirche; auch in der Restaurierung des 19. Jahrhunderts haben beide Kirchen Gemeinsamkeiten: Die Wiederherstellung von Jerichow wird als beispielgebend für die Restaurierung der romanischen Backsteinbauten von Diesdorf und Sandau angesehen.

Noch in den letzten Kriegstagen im April 1945 wurde der Westturm der Nikolai-Kirche durch eine Granate stark beschädigt. Zur Mahnung hängte man 1949 Glocken in die oberen, noch erhaltenen Südfenster der Turmruine.

Der Innenraum zeigt die für die Jerichower Nachfolge bezeichnenden strengen Architekturformen. Infolge der 1858–1859 erfolgten Restaurierung präsentiert sich der Raum heute nüchtern und ohne nachträgliche Ausstattung.

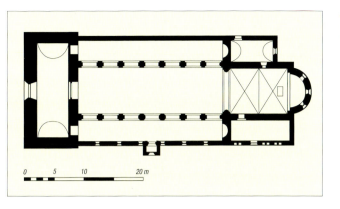

Grundriß der evangelischen Pfarrkirche St. Nikolai und Laurentius in Sandau

Anschrift
Kirche St. Nikolai und Laurentius
Kirchberg 1
39524 Sandau

Öffnungszeiten
keine, Schlüssel im Pfarramt erhältlich

Eintrittspreise
keine, Spenden erwünscht

Führungen
auf Wunsch

Ansprechpartner für Führungen
Pfarrer Andreas Breit
Kirchberg 9
39524 Sandau
Tel.: (039281) 51 19 oder (039281) 236
Fax: (039281) 9 19 37

Anreise mit PKW
über B 107

Anreise mit ÖPNV
mit Bus

Parkplätze
10 Parkplätze für PKW, 3 für Busse

Informationsmaterial
Broschüre über Sandau

Verkaufsangebot im Bauwerk
Broschüre und Kacheluntersetzer, Sandauer Keramik, Granitkerzen

Schönhausen

Evangelische Dorfkirche St. Willibrord

15

Der Ort ist 1202 in einem Verzeichnis bischöflich-havelbergischer Tafelgüter erstmals erwähnt und war wohl eine Gründung niederländischer Siedler, welche die hochwassergefährdete Elbaue durch Deichbauten sicherten. Die im Mittelalter recht ausgedehnte Siedlung wurde im 16. Jahrhundert zeitweise als „stedtlein" mit Richter und Schöppen charakterisiert, geriet dann aber zum Tauschobjekt der brandenburgischen Landesherren, so daß 1562 das altmärkische Adelsgeschlecht derer von Bismarck seinen altmärkischen Besitz gegen Schönhausen, Fischbeck und Crevese tauschen mußte. Am 1. April 1815 erblickte in Schönhausen der nachmalige Reichskanzler Fürst Otto von Bismarck das Licht der Welt und erhielt in der St. Willibrord-Kirche von Pastor Petri die Taufe. Seit 1998, dem 100. Todesjahr Bismarcks, ist der erhaltene Seitenflügel des 1958 gesprengten Schlosses wieder als Museum zugänglich.

Die Dorfkirche Schönhausen steht in der baulichen Nachfolge der ehemaligen Klosterkirche Jerichow und ist durch klare spätromanische Formen und sorgfältig ausgeführte Gliederungselemente ausgezeichnet. Hervorzuheben ist auch die harmonische Einbindung der Kirche in die altmärkische Landschaft.

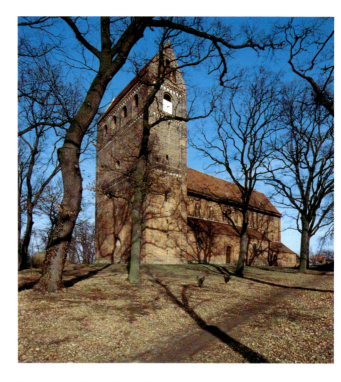

Die romanische Backsteinkirche wurde 1212 von Bischof Segebodo von Havelberg dem hl. Willibrord geweiht – dies belegt eine Urkunde, die man 1712 fand, als der alte Altar durch einen großen Barockaufbau ersetzt wurde. Der Bau selbst, eine dreischiffige Basilika mit breitem Westquerturm und quadratischem Chor mit halbkreisförmiger Apsis, ist in seiner spätromanischen Gestalt weitgehend erhalten.

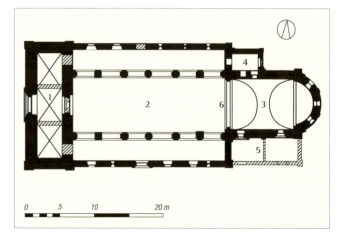

1 Romanischer Westbau mit Turm, im Erdgeschoss barocke Familiengruft von Bismarck
2 Dreischiffiges basilikales Langhaus
3 Chor mit barockem Altar und Herrschaftsempore
4 Romanische Sakristei
5 Barocke Sakristei
6 Spätromanisches Triumphkreuz

Anschrift
Dorfkirche
Fontanestraße
39524 Schönhausen

Öffnungszeiten
für Kleingruppen und
Einzeltouristen:
Sommer:
Mo–Do 9.30–11.30 Uhr
im Pfarrbüro
Fontanestraße 11 melden,
Fr nach Möglichkeit,
Sa (von März bis
September):
9.00–14.30 Uhr
So 10.00 u. 14.00 Uhr
Gottesdienst
Winter: nach Möglichkeit

Eintrittspreise
keine, Spenden erwünscht,
bei organisierten
Reisegruppen
1,– EUR/Person;

Fotoerlaubnis 2,50 EUR
(ohne Blitzlicht)

Führungen
Reisegruppen nach
Voranmeldung

**Ansprechpartner für
Führungen**
Pfarrer Rainer Richter
Fontanestraße 11
39524 Schönhausen
Tel.: (039323) 3 82 08,
Fax: (039323) 9 19 88

Unser Tip
Auf Bismarcks Spuren
(Kirche, anschließend
Bismarck-Museum und
Schloßpark); Scholtze-Orgel
(im Gottesdienst oder zu
Konzerten)

Angebote im Ort
Bismarckmuseum,

Kriegerdenkmal, ehemaliges
Gutshaus

Anreise mit PKW
über die B 107

Anreise mit ÖPNV
mit Bus und Bahn
Parkplätze: 10 Parkplätze
für PKW, 5 für Busse

Informationsmaterial
Kirchenführer, Publikation
„Otto von Bismarck. Kanzler
aus der Altmark",
Broschüren „Die Bismarcks
in der Dorfkirche zu
Schönhausen", „Die
Scholtze-Orgel"

**Verkaufsangebot im
Bauwerk**
Karten, Kirchenführer,
Broschüren

Die Beschädigungen des Dreißigjährigen Krieges sind von 1665 bis 1712 behoben worden. Dabei wurde das Innere teilweise barockisiert. So erhielt u.a. das Mittelschiff ein Spiegelgewölbe mit Stuckdekor. Die jetzige Sakristei hat man im ausgehenden 19. Jahrhundert hinzugefügt.
Wertvollstes Ausstattungsstück der Taufkirche Bismarcks ist der spätromanische hölzerne Kruzifixus, der 1212 – noch vor dem Halberstädter Triumphkreuz – entstand. Der tiefe Innigkeit und Demut ausstrahlende Kreuzeschristus gehört zu den ergreifendsten niedersächsischen Kunstwerken der Spätromanik. Kanzel, Altar und Herrschaftsempore sind barock. Die Kirche beherbergt auch zahlreiche Epitaphien der Familie Bismarck.

Wust

Evangelische Dorfkirche

Das kleine altmärkische Dörfchen Wust war seit 1380 Sitz derer von Katte, die mit zahlreichen anderen altmärkischen Adelsfamilien, u. a. auch mit denen von Bismarck, verwandt waren.
Die Dorfkirche entstand um 1200 und besteht aus Westturm, flachgedecktem Schiff, eingezogenem quadratischen Chor und halbkreisförmiger Apsis. Sie wurde im 17. und 18. Jahrhundert eingreifend verändert.

1 Ehemaliger Westquerturm mit romanischem Portal und barockem Fachwerkaufsatz
2 Romanisches Langhaus mit barocker Kassettendecke
3 Romanischer Chor mit barockem Altar und Taufstein
4 Barocker Herrschaftsstand
5 Barocke Gruft der Familie von Katte

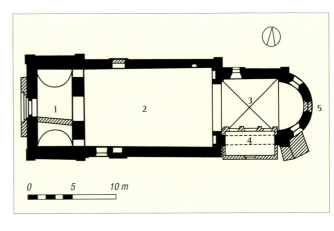

Der preußische König Friedrich Wilhelm I. weilte wiederholt mit seinem Sohn Friedrich in Wust. Dabei befreundete sich der Kronprinz mit Hans Hermann von Katte und weihte ihn in seine später mißlungenen Fluchtpläne ein. Von Katte wurde wegen Beihilfe zur Flucht von einem Kriegsgericht zum Tode verurteilt und am 6. Juli 1730 in Küstrin vor den Augen des gefangenen Kronprinzen hingerichtet. Seine sterblichen Überreste fanden in der Familiengruft der Dorfkirche in Wust ihre letzte Ruhestätte.

Die Dorfkirche Wust zeigt bereits am Äußeren mit dem Fachwerkturm und der barocken Haube die Veränderungen des 18. Jahrhunderts. Damit unterscheidet sie sich von den anderen Kirchen, die in der Nachfolge von Jerichow stehen.

Anschrift
Dorfkirche
Dorfstraße
39524 Wust

Öffnungszeiten mit Führungen
März bis Oktober:
10.00–17.00 Uhr,
November bis Februar:
nach Vereinbarung

Eintrittspreise
(Mindest-) Spende
Führung 1,50 EUR/Person
Fotoerlaubnis 2,50 EUR

Ansprechpartner für Führungen
Pfarrer i. R. Karlheinz Stephan
Dorfstraße
39319 Großwulkow
Tel.: (039341) 406

Ausstellungen
Familie von Katte

Unser Tip
Kirche Melkow, eine im Originalzustand erhaltene romanische Backsteindorfkirche
Kirche Briest, das Haus der Marionettenbühne „Märchenvogel"
Kirche St. Anna Großwulkow, die älteste romanische Backsteindorfkirche Deutschlands mit einem Triumphkreuz um 1160
Kirche Kleinwulkow, eine interessante Synthese zwischen Romanik, Jugendstil und Moderne
„Ein Tag auf der Straße der Romanik" – Ein Pauschalangebot von GuM (Geschichtskreis und Marionettenbühne)

Parkplätze
10 Parkplätze für PKW,
2 für Busse,
gut ausgeschildert

Informationsmaterial
Karten,
Broschüren

Verkaufsangebot im Bauwerk
Karten,
Broschüren,
Videos

Melkow

Evangelische Dorfkirche

Im Gegensatz zu der unmittelbar benachbarten Kirche in Wust hat die Kirche in Melkow sowohl im Inneren als auch im Äußeren ihren spätromanischen Charakter behalten. Hervorzuheben sind die erhaltenen originalen Fenster und der das gesamte Bauwerk umziehende Backsteinfries.
Das Innere der 1960 restaurierten Kirche mit ihrem markant abgetreppten Triumphbogen läßt die Verwandtschaft zu Jerichow erkennen.

Der breite, gedrungene Westturm unterstreicht den wehrhaften Charakter des spätromanischen Backsteinbaus in Melkow.

Anschrift
Dorfkirche
Dorfstraße
39524 Melkow

Öffnungszeiten
März bis Oktober:
10.00–17.00 Uhr
November bis Februar:
nach Vereinbarung
siehe Aushang vor Ort

Eintrittspreise
(Mindest-) Spende
Führung 1,10 EUR/Person
Fotoerlaubnis 2,50 EUR

Führungen
zu den Öffnungszeiten, nach Vorabsprache auch außerhalb der genannten Zeiten

Ansprechpartner für Führungen
Pfarrer i. R. Karlheinz Stephan
39307 Großwulkow
Tel.: (039341) 406

Ausstellungen
„Backsteinkirchen im Elb-Havel-Winkel – Wiege der norddeutschen Backsteinbaukunst"

Unser Tip
Kirche Wust und Kattegruft mit der Grablege des 1730 hingerichteten Hans Hermann von Katte, Freund des Kronprinzen (später Friedrich der Große)
Kirche Briest, das Haus der Marionettenbühne „Märchenvogel"

Kirche St. Anna Großwulkow, die älteste romanische Backsteindorfkirche Deutschlands mit einem Triumphkreuz um 1160
Kirche Kleinwulkow, eine interessante Synthese zwischen Romanik, Jugendstil und Moderne
„Ein Tag auf der Straße der Romanik" – Ein Pauschalangebot von GuM (Geschichtskreis und Marionettenbühne)

Parkplätze
5 Parkplätze für PKW, 1 für Busse

Verkaufsangebot im Bauwerk
Karten, Broschüren

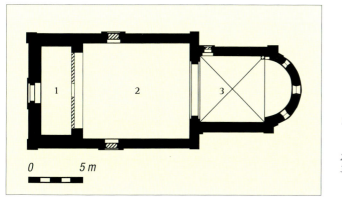

1 Westturm mit romanischem Westportal
2 Langhaus
3 Chor mit Apsis, frühgotischer Altarkruzifix

Jerichow

Ehem. Prämonstratenserstift St. Marien und Nikolaus

Die Klosterkirche in Jerichow beweist, trotz Krypta und repräsentativer Turmanlage, daß auch die Prämonstratenser das an der frühchristlichen Basilika orientierte Kirchenbauideal verwirklichen konnten. Die klare, rahmenartige Gliederung der Außenwände der Kirche mit Lisenen, Sockelzone und Friesen sowie der schlichte Innenraum entsprechen dem reformkirchlichen Bauprogramm des Ordens. Die Prämonstratenser hatten sich an der hirsauischen Baureform orientiert, wie es sich auch für die mittelalterliche Reformarchitektur anderer Mönchs- und Kanonikergemeinschaften nachweisen läßt.

Das Elbe-Havel-Gebiet war seit dem 11. Jahrhundert Besitz der Grafen von Stade. Der letzte männliche Nachkomme Hartwig, Erzbischof von Bremen, stiftete das strategisch wichtige Gebiet dem Erzbistum Magdeburg mit der Verfügung, zum Seelenheil seiner Familie in Jerichow ein Prämonstratenserkloster zu gründen. Das Erzbistum Magdeburg veranlaßte auf Bitten des Bischofs von Havelberg die Gründung eines von Unser Lieben Frauen in Magdeburg besetzten und abhängigen Prämonstratenserklosters. Bischof Anselm von Havelberg erhoffte sich, daß „durch den heiligen Lebenswandel der Brüder jenes schlechte und böse Volk (die Slawen) gebessert werden möge".

Das Kloster Jerichow wurde allerdings nicht mit reichem Grundbesitz versehen. Den wirtschaftlichen Niedergang besiegelten Machtstreitigkeiten zwischen geistlichen und weltlichen Fürsten, die erst im Vertrag von Zinna 1449 zugunsten des Erzbistums Magdeburg entschieden wurden.

Die Aufhebung des Prämonstratenserstiftes Jerichow erfolgte 1552. Dem Herzogtum Magdeburg unterstellt, erfuhr es seine Nutzung u. a. als Malz- und Brauhaus. Die Kirche diente zeitweise dem Gutsbezirk als „Amtskirche", dann der reformierten Gemeinde und seit dem 19. Jahrhundert als zweite evangelische Pfarrkirche der Stadt.

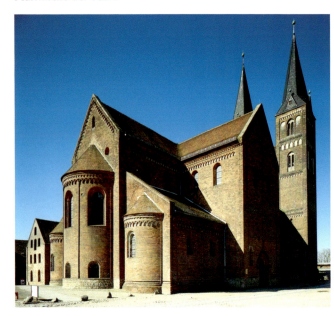

Das Innere der Kirche zeigt einen in der Mitte des 19. Jahrhunderts und nochmals von 1955 bis 1960 wiederhergestellten und durch diese Maßnahmen in seiner feierlichen Strenge noch gesteigerten Raum, der insgesamt durch seine harmonischen und klaren Verhältnisse besticht. Die roten Backsteinwände stehen in kontrastreichem und wirkungsvollem Gegensatz zu den weißen Hausteinkämpfern, den weiß geputzten Leibungen und Putzblenden.

Die heutige Stadtkirche von Jerichow war die erste Kirche der Prämonstratenser. Bald störte die Mönche jedoch das umtriebige Leben in der Nähe eines Marktes. Sie ließen sich deshalb nordwestlich außerhalb des Dorfes nieder. Bereits Wichmann von Magdeburg rekapitulierte 1172, daß die Brüder am neuen Ort „eine Kirche mit Kloster" erbaut hatten.

Die Prämonstratenser nutzten die reichen Lehmvorkommen der Elbeniederung, um Backsteine zu brennen. Damit entstand der älteste Backsteinbau Nord- und Mitteleuropas, der Vorbildwirkung für den gesamten altmärkischen Raum besaß.

Einer der schönsten Räume der Klausur ist das ehemalige Sommerrefektorium im Südflügel, dessen drei Säulen Kelchblattkapitelle mit ausgesprochen lebendig gearbeitetem Ranken- und Akanthusdekor aufweisen.

In der Krypta sind an den Kapitellen der Mittelsäulen eigenwillige plastische Dekors zu erkennen. Der östliche Säulenschaft aus ungewöhnlich grünlich schimmerndem Granit war ein Geschenk der Ordensbrüder aus Magdeburg. Vermutlich hatte ihn Otto I. von einem römischen Tempel aus Italien dorthin gebracht.

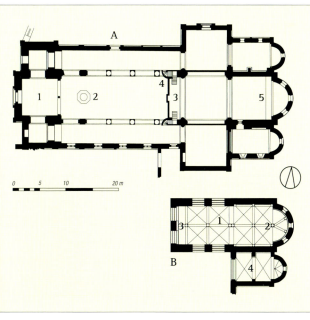

A KIRCHE

1 Westbau mit Hauptportal, darüber Empore
2 Taufstein aus der Stadtkirche
3 Lettner und ehemaliger Kreuzaltar, darüber Chorbühne
4 Osterleuchter
5 Romanischer Kastenaltar

B KRYPTA

1 Zweischiffige Krypta unter der Mittelapsis
2 Antike Säule aus Quarzdiorit
3 Sandsteinrelief mit Marienkrönung
4 Kryptenraum unter dem südlichen Nebenchor

Der reich ornamentierte, achteckige Sockel zeigt sechs Halbfiguren des Osterleuchters in hochromanischer Strenge. Der Mittelpunkt wird von Christus mit einer Schriftrolle gebildet, daneben sind Petrus und Paulus dargestellt sowie ein Ordensheiliger als Bischof, vermutlich Norbert von Xanten, der Stifter des Prämonstratenserordens. Der heute aufgesetzte gedrehte Säulenschaft gehörte ursprünglich wohl nicht dazu.

KLOSTER

1 Kreuzhof mit Kreuzgang
2 Sakristei
3 Wahrscheinlich ehemals Armarium (Bibliothek)
4 Kapitelsaal
5 Parlatorium
6 Brüdersaal/Calefaktorium (Wärmestube)
7 Sommerremter (Speisesaal)
8 Winterremter (Speisesaal)
9 Ehemalige Küche
10 Ehemaliges Konversenhaus, später Amtshaus

Zwischen 1149 und 1172 entstand die dreischiffige, kreuzförmige Basilika, nach Osten mit Chor und Apsis versehen sowie mit kleineren Apsiden an den Querschiffsarmen. Der Westabschluß, zunächst ohne Türme ausgeführt, reichte bis zu den beiden nachträglich errichteten Pfeilern.

Noch im 12. Jahrhundert wurden im Ostteil der Kirche die zweischiffige, gewölbte Krypta eingefügt und die Querschiffsapsiden zu Nebenchören erweitert; gleichzeitig erhielt das Langhaus eine Verlängerung nach Westen. Im Zuge dieser Planänderung entstand die mächtige Doppelturmanlage, die jedoch erst in der Gotik ihre Vollendung erfuhr. Bautechnische Details wie Lisenen, Friese und Fensterrahmungen lassen auf italienische Einflüsse schließen.

Die südlich an die Kirche sich anschließenden Räume wie Kapitelsaal, Refektorium und weitere für das Leben in der klösterlichen Gemeinschaft notwendige Bauten entstanden noch im 12. und 13. Jahrhundert. Der leere, quadratische Innenhof war zunächst gartenartig gestaltet. Der ihn umgebende Kreuzgang wurde den Gebäuden um 1220 vorgelagert und trägt durch den Einfluß des Magdeburger Domneubaus bereits gotische Züge. Der Ostflügel besitzt noch weitgehend seinen originalen Charakter aus der Erbauungszeit um 1200. Über den gewölbten Erdge-

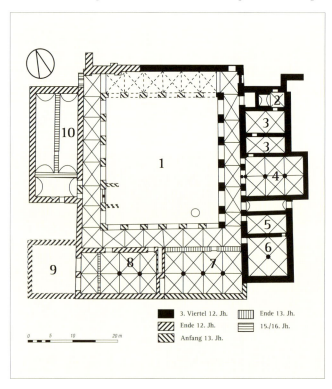

Anschrift
Kloster Jerichow
Am Gut 1
39319 Jerichow

Öffnungszeiten
April–Oktober
täglich 10.00–17.00 Uhr
November–März
täglich 10.00–16.00 Uhr

Eintrittspreise
Erw. 3,00 EUR; erm.
(Schwerbeschädigte,
Arbeitslose, Studenten,
Schüler) 2,00 EUR; Gruppen
ab 10 Pers.
2,50 EUR/Person;
Schulklassen pro Schüler
1,50 EUR
Fotogebühr 5,00 EUR;
Führung 1,00 EUR/Pers.,
jedoch mind. 15,– EUR
(Schulklassen ohne
Führungsgebühr)

Führungen
für Gruppen ab 10 Pers.
nach Voranmeldung

**Ansprechpartner für
Führungen**
Rolf Naumann
Am Gut 1
39319 Jerichow
Tel.: (039343) 2 85
Fax: (039343) 9 26 61
e-mail:
kloster1144@onlinehome.de

Ständige Ausstellung
„Geschichte und
Baugeschichte des Klosters"

Angebote im Ort
slawischer Burgwall,
Holländer-Windmühle

Anreise mit PKW
A 2 – Abfahrt Burg Zentrum
o. Ziesar; B 1 über Gentin;
B 107 über Genthin

Anreise mit ÖPNV
Bahnlinie
Magdeburg–Genthin, ab
Genthin Busverkehr

Parkplätze
30 Parkplätze für PKW,
5 für Busse

Informationsmaterial
Werbeprospekt,
Fachpublikationen

**Verkaufsangebot im
Bauwerk**
zu den Öffnungsseiten des
Museums

Toiletten
am Parkplatz vorhanden,
behindertengerecht

*Für die Nordroute der
Straße der Romanik
könnte als Ausgangspunkt
auch Jerichow gewählt
werden, denn im Umkreis
befinden sich mehr als
20 romanische Backstein-
kirchen, deren mittel-
alterliche Bausubstanz
weitgehend erhalten blieb.
Diese bauliche Hochent-
wicklung ohne heimische
Traditionen legt einen
Einfluß aus Oberitalien
nahe, befand sich doch im
11./12. Jahrhundert doch
ein Zentrum der
Backsteinarchitektur.
Auch die präzise
Ausführung aller
bautechnischen Details
läßt auf hochqualifizierte
Handwerker schließen, die
entweder aus Oberitalien
stammten oder zumindest
dort geschult worden
waren.*

schoßräumen mit Kapitelsaal und Küche befindet sich der gemeinsame Schlafsaal der Mönche (Dormitorium). Er wird heute als Ausstellungsraum genutzt.
Bereits im 17. Jahrhundert waren Kirche und Kreuzgang baufällig. Nachdem das Herzogtum Magdeburg 1680 an Brandenburg gefallen war, ließ 1684 Kurfürst Friedrich Wilhelm die Kirche instandsetzen und übergab sie einer Gemeinde aus zugewanderten süddeutschen Emigranten.
Im Verlaufe des 18. Jahrhunderts verschlechterte sich der bauliche Zustand weiter; 1779 mußte der Dachreiter auf der Vierung abgetragen werden. Erst Karl Friedrich Schinkel vermerkte 1835 den architektonischen Rang von Kirche und Krypta, und Franz Kugler stellte den Rang der Klosterkirche als „eines der zierlichsten und vollendetsten Beispiele des romanischen Styles" fest. Die umfassende Restaurierung und Historisierung erfolgte von 1853 bis 1856.
Eine umfassende Sanierung der Kirche erfolgte 1955–1960, der sich seit 1960 die schrittweise Freiräumung und Wiederherstellung der Klausurräume anschließt.

18 Jerichow
Evangelische Stadtkirche

Die Stadtkirche ist der Nachfolgebau einer 1144 erwähnten ersten Klosterkirche. Sie steht im Schatten der berühmteren Klostergebäude, weist jedoch die gleichen klaren romanischen Formen auf. Der flachgedeckte, einschiffige und ursprünglich turmlose Backsteinbau mit eingezogenem Rechteckchor wurde zu Beginn des 13. Jahrhunderts nach dem Vorbild der Klosterkirche errichtet. Er erfuhr bis auf geringfügige Erneuerungen im Barock keine durchgreifenden Veränderungen.

Der westliche Dachturm der ev. Stadtkirche Jerichow wurde als Fachwerkbau erst im 17. Jahrhundert errichtet. Seine Wiederherstellung in den letzten Jahren läßt hoffen, daß sich die denkmalpflegerischen Bemühungen um die Klostergebäude auch auf die Stadtkirche ausweiten.

Anschrift
Klostermuseum Jerichow
Am Gut 1
39319 Jerichow

Öffnungszeiten und Führungen
Nur nach Voranmeldung im Klostermuseum (täglich 10.00–16.00 Uhr)

Ansprechpartner für Führungen
Herr Rolf Naumann, täglich nach Voranmeldung unter Tel.: (039343) 285

Eintrittpreise
keine, Spenden erwünscht

Parkplätze
20 Parkplätze für PKW, 1 für Busse

Informationsmaterial
Kunstführer

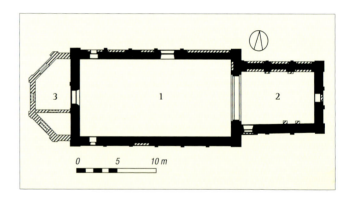

1 Romanisches Langhaus
2 Romanischer Rechteckchor mit barockem Altar und Spätrenaissance-Epitaph
3 Sakristei von 1833

19 Redekin
Evangelische Dorfkirche

Die Dorfkirche von Redekin, unter Jerichower Einfluß um 1200 entstanden, besteht aus einem breiten Westturm, dem flachgedecktem Schiff und einem kreuzgewölbten Chor mit hoher Apsis. Aus dem 12. Jahrhundert hat sich ein kleiner bronzener Kruzifixus erhalten. Aus der gleichen Zeit stammt die halbkugelförmige

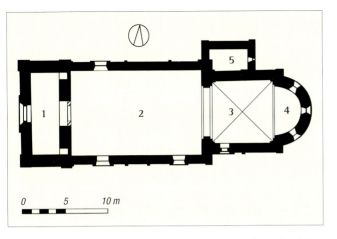

1 Westquerturm
2 Langhaus
3 Vorjoch
4 Apsis mit gotischem Flügelaltar
5 Sakristei

Kuppa des Taufsteins mit Palmettenfries; der zylindrische Schaft wurde wohl im 16. Jahrhundert gearbeitet. Der Altarschrein entstand in der zweiten Hälfte des 15. Jahrhunderts.
Die Innenausstattung des 17./18. Jahrhunderts mit hölzerner Kanzel, Hufeisenempore, Patronatsloge und kleiner Rokoko-Orgel vermittelt einen typischen Eindruck von der Wiederherstellung von Kirchen nach den Verwüstungen des Dreißigjährigen Krieges.

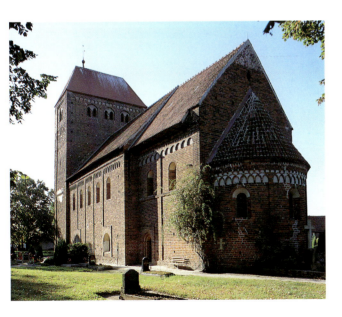

Anschrift
Dorfkirche
Pfarrerin i. R.
Ingeborg Schwarzkopf
W.-Külz-Str. 9
39319 Redekin

Öffnungszeiten
keine festen Öffnungszeiten, nur nach Voranmeldung

Eintrittspreise
keine, Spenden erwünscht

Führungen
nach Voranmeldung

Ansprechpartner für Führungen
Pfarrerin i. R.
Ingeborg Schwarzkopf
W.-Külz-Str. 9
39319 Redekin
Tel.: (039341) 5 01 08

Spezialführungen
Es wird individuell auf die jeweiligen Besuchergruppen eingegangen.

Ausstellungen
In der Turmhalle werden Exponate aus der Geschichte von Kirche und Ort gezeigt.

Angebote:
Barockkirche Scharbeucke, Radwanderung

Anreise mit PKW
über B 107

Anreise mit ÖPNV
Buslinien

Parkplätze
10 Parkplätze für PKW, 2 für Busse

Informationsmaterial
Kirchenführer

Toiletten
Toiletten im „Dorfkrug"

59

20 Genthin, Ortsteil Altenplathow
Grabstein des Herrn von Ploto

Anschrift
Pfarramt Altenplathow
Altenplathower Straße 74
39307 Genthin

Öffnungszeiten
(ganzjährig) nach Voranmeldung
im evang. Pfarramt
Tel.: (03933) 80 55 84
von 12.00 bis 14.00 Uhr nicht
geöffnet

Ansprechpartner für Führungen
Pfarrerin Gisela Schattanik
Tel.: (03933) 80 55 84

Eintrittspreise
keine, Spenden erbeten

Parkplätze
20 Parkplätze für PKW, 4 für Busse, ca. 300 m entfernt

Toiletten
im Pfarrhaus

Die evangelische Dorfkirche Altenplathow, ein gotisierender Neubau von 1904, beherbergt im Seitenschiff als besondere Kostbarkeit einen der ältesten erhaltenen Grabsteine der Region, den Figurengrabstein eines Herrn von Ploto, gestorben 1170. Der Verstorbene ist in Frontalgestalt wiedergegeben. Mit seiner in Hochrelief mit sparsamen Ritzungen wiedergegebenen starren Gestalt repräsentiert das Grabmal einen Typus, der sich schon in ottonischer Zeit herausgebildet hatte.

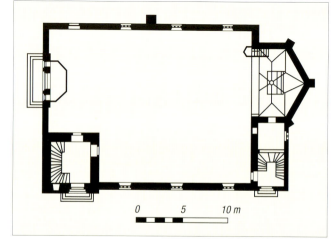

Burg 21

Evangelische Unterkirche St. Nikolai

Bis heute sind die Ursprünge der Stadt Burg nicht geklärt und die Frage, ob hier ein Kastell Karls des Großen stand, kann vorläufig nicht beantwortet werden. Gesichert ist hingegen die Burganlage Heinrichs I. Die hochgelegene Oberstadt ging als gewachsene Siedlung aus jener Burg hervor. Den Mittelpunkt bilden Markt und Oberkirche Unser Lieben Frauen. Die Unterstadt – um 1150 erstmals erwähnt – behielt als planmäßige Siedlung mit unregelmäßigem gitterförmigem Straßennetz die alten Durchgangsstraßen von Magdeburg ins Brandenburgische bei.
Die Pfarrkirche wird in den Quellen 1186 erstmals erwähnt. Im späten 12. Jahrhundert dürfte auch der bestehende spätromanische Granitquaderbau entstanden sein – eine Pfeilerbasilika mit

Anschrift
Kirche St. Nicolai
(Unterkirche)
Nicolaistraße 4
39288 Burg

Öffnungszeiten
Mai–Okt.:
Mo–Fr 15.00–17.00 Uhr
Sa 10.00–12.00 Uhr
Do 10.00–12.00 Uhr
Nov.–April:
im Pfarrhaus
Nicolaistraße 4 melden

Eintrittspreise
keine, Spenden erwünscht

Führungen
nach Voranmeldung

Ansprechpartner für Führungen
Pfarrer Joachim Gremmes
Nicolaistraße 4
39288 Burg
Tel.: (03921) 94 44 30
Fax: (03921) 94 44 31

Spezialführungen
Kinder- und jugendgemäße Führungen

Parkplätze
Parkmöglichkeiten nur in den Straßen in der Nähe des Bauwerks

Informationsmaterial
Faltblatt und Kunstführer

Toiletten
WC und Behindertentoilette vor Ort

Der in vorzüglicher Technik ausgeführte Granitquaderbau der Unterkirche Burg, errichtet im ausgehenden 12. Jahrhunderts, ist fast unverändert überkommen. Er bezieht seine mächtige Wirkung allein aus den klar voneinander abgesetzten Bauteilen.

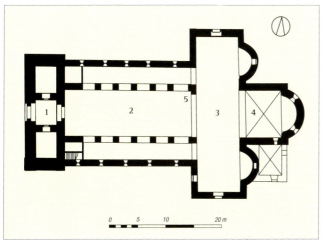

1 Westbau mit zwei Türmen
2 Romanisches Basilikalanghaus
3 Querhaus
4 Chor mit Altar von 1699
5 Kanzel von 1607

61

weitausladendem, durchgehenden Querschiff, halbkreisförmigen Nebenapsiden und quadratischem Chorjoch mit halbkreisförmiger Apsis. Der zweitürmige Westbau mit spitzen, gotischen Turmhelmen schließt die Kirche ab und prägt zusammen mit der Oberkirche das Stadtbild von Burg.

Außer den kleinen Rücksprüngen in der Turmfront besitzt der Bau keinerlei Gliederungs- oder Schmuckelemente. Alle Öffnungen sind rundbogig; selbst das hölzerne Tonnengewölbe im Innern unterstreicht den monumentalen Eindruck und damit die konservative Haltung in der Architektur Ostfalens, in der noch lange an den einfachen, klaren Formen der Romanik festgehalten wurde.

Im 19. Jahrhundert dienten die Fassaden der Kirchen von Jerichow und Burg als Vorbild für die Wiederherstellung der Doppelturmfront der Klosterkirche Hillersleben.

Ebenso schmucklos wie das Äußere ist auch das Innere von St. Nikolai von reiner, monumentaler Wirkung. Dem Raum paßt sich die vom Magdeburger Bildhauer Michael Spieß 1610 geschaffene sandsteinerne Kanzel an. Er signierte sein Werk unterhalb des Korbes, wo auch Alabasterreliefs der vier Evangelisten angeordnet sind.

21 Burg
Evangelische Oberkirche Unser Lieben Frauen

Die Kirche Unser Lieben Frauen wird wie die Unterkirche erstmals 1186 urkundlich erwähnt. Von dem spätromanischen Bau ist der querrechteckige, im oberen Teil zweitürmige Westbau erhalten.

Von der mittelalterlichen Ausstattung haben sich unter anderem mehrere kleine Steinreliefs des späten 14. Jahrhunderts mit Heiligendarstellungen erhalten; sie stammen vermutlich von einer Chorschranke und sind heute in der Westwand eingelassen. Etwas jünger sind die Reste spätgotischer Wandmalerei, etwa die Darstellung einer Kreuzigungsgruppe.

Anschrift
Kirche Unser Lieben Frauen
(Oberkirche)
Kirchhof Unser Lieben
Frauen, 39288 Burg

Öffnungszeiten
auf Anfrage im Pfarramt
Nicolaistraße 4
39288 Burg
(03921) 94 44 30

Eintrittspreise
keine, Spenden erwünscht

Führungen
nach Voranmeldung

Ansprechpartner für Führungen
Pfarrer Joachim Gremmes
Nicolaistraße 4
39288 Burg
Tel.: (03921) 94 44 30
Fax: (03921) 94 44 31

Unser Tip
Wasserstraßenkreuz
Magdeburg, Schiffshebewerk
Rothensee,
Elbe-Havel-Kanal, Gesteins-
und Kräutergarten in
Gommern, Wasserburg
Gommern

Angebote im Ort
Gerbereimuseum;
3 Stadttürme: Hexenturm,
Kuhturm, Berliner Torturm;
Schadsmühle bei Drehwitz
(gut 100 Jahre alt); Altstadt

Anreise mit PKW
B 1, Nordrand von Burg,
Beschilderung „Straße der
Romanik" folgen

Anreise mit ÖPNV
mit der Bahn bis Burg, dann
mit dem Bus bis Berliner
Straße

Parkplätze
20 Parkplätze für PKW,
2 für Busse

*Der spätromanische
Westbau der Oberkirche
Unser Lieben Frauen
besticht durch eine
qualitätvolle
Bauausführung. Über
einem Sandsteinsockel
steigt das
Feldsteinmauerwerk in
vier Rücksprüngen bis zu
den Doppeltürmen auf.*

Seine Entstehungszeit wird im mittleren 13. Jahrhundert angenommen, in seiner Form steht er jedoch dem älteren Turmmassiv der Unterkirche nahe. Auch die sorgfältige Verarbeitung des Baumaterials scheint von jenem Bau übernommen worden zu sein. Der zweijochige Chor erhielt 1359 die Weihe. Aus gleicher Zeit stammen die schlichten, rechteckigen Pfeiler des fünfjochigen Langhauses mit den sich daraus kämpferlos entwickelnden Spitzbogenarkaden. Der Umbau des Langhauses war 1455 abgeschlossen, wobei die Südseite als aufwendige Schauseite gestaltet wurde. Das Innere des Kirchenschiffes, noch von der ursprünglichen, von Backsteinrippen getragenen Wölbung überspannt, wurde 1962/1963 restauriert.

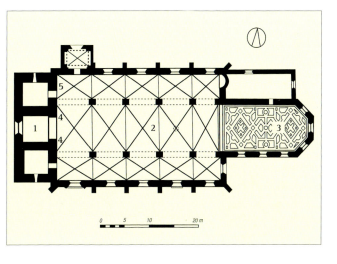

1 Spätromanischer
  Westbau mit zwei
  Türmen
2 Gotisches
  Hallenlanghaus
3 Gotischer Chor mit
  Renaissancedecke und
  Altar von 1607
4 Spätgotische
  Wandmalerei
5 Reliefs von ehemaliger
  Schranke

Loburg

Ruine der Liebfrauenkirche

unten: Südliche Langhausarkaden der Kirchenruine Loburg

Anschrift
Ruine Unser Lieben Frauen
Möckernitzer Damm
39279 Loburg

Öffnungszeiten
Bauwerk immer frei zugänglich

Eintrittspreise
keine

Führungen
nach Vereinbarung

Ansprechpartner für Führungen
Touristeninformation
Tel.: (039245) 20 22
Fax: (039245) 9 17 72

Spezialführungen
für Schulen im Rahmen des Unterrichts

Unser Tip
Storchenhof Loburg, historische Eisenbahnanlage, Heimatstube Loburg, Bildungszentrum der Konrad-Adenauer-Stiftung Schloss Wendgräben, Schlossanlage mit Park und Gaststätte

Anreise mit PKW
B 246 von Magdeburg und Wiesenburg, A 2 Abfahrt Ziesar

Anreise mit ÖPNV
Bahn von Magdeburg

Parkplätze
5 Parkplätze für PKW,
1 für Busse

Das kleine Städtchen Loburg entstand wohl durch Zusammenlegen der Dörfer Möckernitz und Ziemnitz, deren Fluren die beiden Stadtfelder bilden.

Von Ziemnitz steht nur noch die Ruine der Kirche Unser Lieben Frauen, einer dreischiffigen Basilika mit quadratischem Chor und Westturm aus dem 12. Jahrhundert. Der sorgfältig gequaderte Feldsteinbau wurde 1601 instandgesetzt, ist jedoch später verfallen und im Jahr 1900 als Ruine restauriert worden. Dabei verstand man es, die rundbogigen Obergadenfenster und Teile des Triumphbogens zu erhalten. Neuerliche Sicherungsmaßnahmen erfolgten in den Jahren 1990–1992.

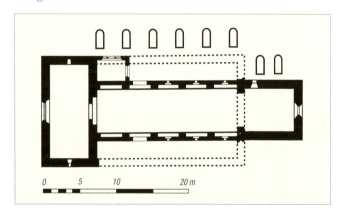

Leitzkau   23

Evangelische Dorfkirche St. Peter

Obwohl Leitzkau in den Auseinandersetzungen mit den Slawen als Sammelplatz der deutschen Heere unter Otto III. und Heinrich II. im Mittelalter oft eine herausragende Rolle spielte, ist der Ort selbst nie über die Bedeutung eines Fleckens hinausgekommen.

Nachdem bereits 1107 eine hölzerne Kapelle genannt wurde, weihte 1114 Bischof Hartbert von Brandenburg eine steinerne Kirche. Sie diente als provisorischer Sitz des Bistums Brandenburg. Reste dieses Bauwerkes sind im Chor der heutigen Pfarrkirche zu finden. 1138/39 wurde auf Initiative Bischof Wiggers von Brandenburg der Ort mit Prämonstratensern aus Unser Lieben

Anschrift
Pfarrkirche St. Petri
Kirchstraße 1
39279 Leitzkau

Öffnungszeiten
Sommer: 8.00–20.00 Uhr
Winter: 8.00–18.00 Uhr
wenn geschlossen, bitte im Pfarrhaus klingeln

Eintrittspreise
keine, Spenden erbeten

Die heutige Dorfkirche, als provisorischer Sitz des Brandenburger Bistums gegründet, ist der älteste steinerne Neubau östlich der Elbe.

65

1 Chor, wahrscheinlich Kernbau von 1114
2 Mittelschiff der romanischen Basilika
3 Nordquerhaus mit Turm, Apsis abgebrochen, in der Vierung Kruzifix aus der Basilika
4 Barocke Gruft und Herrschaftsloge anstelle des Südquerhauses
5 Barocke Sakristei anstelle der romanischen Apsis
6 Abgebrochene Seitenschiffe

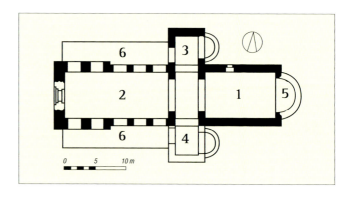

Führungen
März–November
Sa, So und Feiertag 14.00 Uhr und wochentags nach Voranmeldung
Erw. 3,50 EUR, Erm. 2,50 EUR, Gruppen ab 16 Personen 2,- EUR (nach Voranmeldung)

Ansprechpartner für Führungen
nach Vereinbarung:
Benita Arnold
Kirchstraße 1
39279 Leitzkau
Tel.: (039241) 290
Fax: (039241) 9 40 75

Spezialführungen
Für Kinder z. B. Projektwochen 1,50 EUR/Pers. (nach Voranmeldung)

Anreise mit PKW
B 184 von Magdeburg

Anreise mit ÖPNV
nur mit Bus

Parkplätze
5 PKW-Parkplätze

Informationsmaterial
Info-Blatt zum Mitnehmen

Frauen in Magdeburg besetzt und mit wichtigen Privilegien ausgestattet, welche die Mönche wohl in den Rang von Domherren setzten. Zunächst bauten die Prämonstratenser die Kirche Hartberts um, planten wenig später jedoch eine neue Anlage.

Leitzkau

Ehem. Stiftskirche St. Marien, St. Petrus und St. Eleutherius

Die neue, großartige Stiftsanlage wurde 1159 geweiht. An der Weihe nahm neben Erzbischof Wichmann von Magdeburg mit Herzog Albrecht dem Bären auch der Hauptstratege der deutschen Ostexpansion teil.

Die Stiftskirche wurde als dreischiffige Basilika mit Querhaus, dreiapsidialem Chorschluß und dreiteiligem Westturm errichtet. Der Westturm blieb als Fragment erhalten. Aus den Abbruchspuren läßt sich eine dreitürmige Anlage mit einheitlicher Höhe rekonstruieren. Das erste Freigeschoß des Südturmes entspricht dem romanischen Glockengeschoß. Im Langhaus beeindruckt der Obergaden des Mittelschiffes durch seine großen, klassisch

Die Klausurgebäude des 1537 säkularisierten Stiftes wurden ab 1564 zu einem Schloß des Freiherrn Hilmar von Münchhausen umgebaut. Dabei ist heute die überdachte Ruine der Stiftskirche immer noch von beeindruckender Monumentalität.

Die Loggien des Schlosses Althaus in Leitzkau sind ein Beispiel für historistische Tendenzen in der Architektur des 16. Jahrhunderts: Für die Erdgeschoßarkaden wurden romanische Säulen aus dem säkularisierten Prämonstratenserstift verwendet; darüber bildete man sie nach.

rechts: Schloß Althaus von Osten

Südliche Langhausarkaden in der ehemaligen Stiftskirche St. Marien, St. Petrus und St. Eleutherius in Leitzkau

Anschrift
Klosterkirche St. Maria
Förderkreis Kultur und Denkmalpflege
Leitzkau e. V.
Am Schloss 4
39279 Leitzkau

Öffnungszeiten
nach telefonischer Absprache
Tel.: (039241) 41 68

Eintrittspreise
Führungen: Erw. 3,50 EUR, erm. 2,50 EUR; Gruppen ab 16 Pers. 2,– EUR/Pers.

Führungen
ab März bis November
Sa, So und Feiertag
14.00 Uhr
Wochentags nach Voranmeldung möglich

Ansprechpartner für Führungen
Gerda Hartebrodt
Am Schloß 4
39279 Leitzkau
Tel.: (039241) 41 68
Fax: (039241) 41 68

Spezialführungen
für Kinder z. B. Projektwochen (1,50 EUR/Pers.), nach Voranmeldung

Ausstellungen
ständige Ausstellung „1000 Jahre Kultur in Leitzkau"

Unser Tip
bei den Führungen unbedingt der Amaliengeschichte lauschen(!); sehr schönes Standesamt; Serenaden in der Basilika; Töpfermarkt im Sept. auf dem Schloßhof, Weihnachtskonzerte am Wochenende des 4. Advents

Angebote in der Nähe
Storchenhof Loburg, Schloss Wendgräben bei Loburg, Naherholungsgebiet Dannigkow-Plötzky-Pretzien, Fahrradtouren entlang der Elbe

Anreise mit PKW
an der B 184 zw. Dessau und Magdeburg

Anreise mit ÖPNV
Buslinie zw. Magdeburg und Zerbst; Bahn zw. Magdeburg u. Dessau; Haltepunkt Prödel 2 km, Gommern 8 km entfernt

Parkplätze
40 Parkplätze für PKW, 8 für Busse

Informationsmaterial
Schlossführer

Verkaufsangebot im Bauwerk
Verkauf von Broschüren und Ansichtskarten im Büro des Förderkreises (laut Öffnungszeiten)

Toiletten
WC im Schloss Neuhaus/Hofseite, 1 behindertengerechte Toilette im Erdgeschoß

erscheinenden Rundbogenfenster, die jeweils in den Achsen der Erdgeschoßarkaden angeordnet sind.
An das Langhaus schließt sich das ehemalige Querhaus an; allerdings wurde es im 16. Jahrhundert stark verändert. Der Chorbereich ist gänzlich abgetragen. Das Stift wurde zu dieser Zeit der Familie von Münchhausen übertragen, die es zu ihrem Familien-

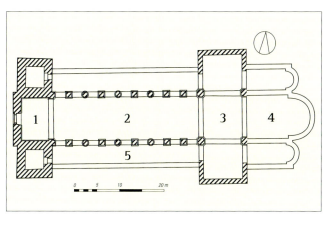

Freigelegte Fußbodenreste in der ehemaligen Stiftskirche

1 Westbau mit ehemals zwei Türmen
2 Basilikales Langhaus mit einfachem Stützenwechsel
3 Querhaus mit Resten des romanischen Schmuckfussbodens
4 Abgebrochene Chorpartie
5 Wiederaufgebautes Südseitenschiff

sitz ausbaute. Damit besitzt Leitzkau das bedeutendste Schloß der Weserrenaissance in Sachsen-Anhalt, das – nach italienischen Vorbildern erbaut – eine für unsere Breiten ungewohnte südliche Leichtigkeit zur Schau trägt.
In den letzten Tagen des 2. Weltkrieges wurde die Stiftskirche Leitzkau stark zerstört. Bei der Wiederherstellung in den 1960er Jahren legte man auch den historischen Stützenwechsel frei sowie beachtliche Reste der romanischen Kapitellplastik und Malerei.

Pretzien

Evangelische Dorfkirche St. Thomas

24

Von Pretzien ist heute vor allem das große Wehr bekannt, das 1871–1875 von italienischen Handwerkern und französischen Kriegsgefangenen zusammen mit dem Elbe-Umflutkanal erbaut

Anschrift
St. Thomas Kirche, Martin-Luther-Straße, 39245 Pretzien

Öffnungszeiten
1. April bis 30. September:
Di–So 14.00–16.00 Uhr,
Karfreitag–Ostermontag
14.00–16.00 Uhr
1. Oktober–31. März:
Sa/So 14.00–15.00 Uhr, siehe Aushang vor Ort

Besichtigung nach Anmeldung auch außerhalb der Öffnungszeiten möglich

1 Westturm
2 Langhaus
3 Chorjoch mit spätromanischer Wandmalerei: Jakobsgeschichte; kluge und törichte Jungfrauen
4 Apsis mit spätromanischer Malerei: Deesis
5 Spätromanische Wandmalerei: Mahl
6 Spätromanische Wandmalerei: Lazarus-Gleichnis
7 Spätromanische Wandmalerei: Seelenwägung
8 Gotische Wandmalerei: hl. Christophorus
9 Gotische Wandmalerei: Seelenwägung
10 Gotischer Taufstein

Eintrittspreise
keine, Spenden erwünscht, Führungen Erw. 1,50 EUR, Schüler 0,50 EUR

Führungen
nach Voranmeldung

Ansprechpartner für Führungen
Pfarrer Rüdiger Meussling, Magdeburger Str. 21
39245 Pretzien
Tel.: (039200) 5 19 57
Fax: (039200) 7 67 09

rechts: In der Bogenleibung des Turmes der Pretziener Dorfkirche ist eine kleine Seelenwägung zu sehen, die etwa um 1350 entstand und in heiteren, leicht grotesken Zügen eine Szene des Jüngsten Gerichtes darstellt.

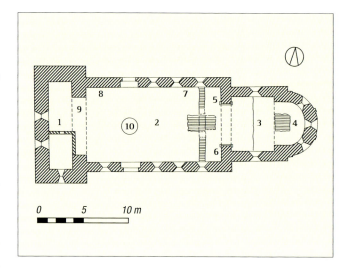

wurde. Auf der Pariser Weltausstellung 1889, deren größte Attraktion der Eiffelturm war, erhielt die sich nach wie vor bewährende Konstruktion des Pretziener Wehres eine Goldmedaille.

Jedoch wartet der kleine Ort noch mit einer weiteren Besonderheit auf: Es ist die im Gegensatz zum Wehr freilich bescheiden wirkende romanische Dorfkirche.

Pretzien kam 1151 als Schenkung Albrechts des Bären an das Kloster Unser Lieben Frauen in Magdeburg. Um 1180 wurde die Dorfkirche gebaut. Sie besteht aus einem quadratischem Westbau und einem flachgedeckten Schiff mit eingezogenem rechteckigen Chor und halbkreisförmiger Apsis, die durch Lisenen und Rundbogenfries hervorgehoben ist. Der Turm erhielt 1793 einen Fachwerkaufsatz und eine Haube.

Damit unterscheidet sich St. Thomas wenig von anderen Kirchen; es besticht jedoch die sorgfältige Bauausführung. Einzigartig sind die romanischen Wandmalereien im Inneren. Sie wurden bei Restaurierungsarbeiten 1972–1973 freigelegt und sind in ihrer hohen Qualität nur aus der Nähe zur Mutterkirche in Magdeburg zu erklären. Trotz unterschiedlichen Erhaltungszustandes – in der Apsis zeigt die Freskomalerei noch weitgehend ihre ursprüngliche Erscheinung – läßt sich das Bildprogramm insgesamt deuten: Der Kirchenraum wird beherrscht von der überlebensgroßen Darstellung einer Deesis in der Apsis. Im Zentrum sitzt Christus als Weltenrichter auf einem doppelten Regenbogen, umgeben von einer Mandorla. Neben Christus stehen Maria als Himmelskönigin und Johannes der Täufer. Die Bilder der Chorwände erzählen biblische Geschichten, z. B. die von den klugen und törichten Jungfrauen, von Isaak und seinen Söhnen. Den Triumphbogen umspannt eine Wurzel Jesse.

Spezialführungen
kind- bzw. altersgerechte Führungen; Schwerpunktführungen nach vorheriger Absprache (u. a. Romanische Malerei, Romanischer Baustil, Leben der Mönche, Handwerker im Mittelalter)

Ausstellungen
Fotoausstellung von der Restaurierung bzw. Sanierung der Kirche und von der Freilegung der Wandmalereien in den Jahren 1973–1980
Gastronomie: Pension „Storchennest" (Fahrradverleih), Parkhotel und Café Braun in Pretzien „Parkhotel"

Unser Tip
Wanderung durch die Elbauen zum Barockschloß Dornburg, Radtouren über 3 Gierseilfähren an Elbe und Saale
Angebote im Ort: Pretziener Wehr, Pauschalradtouren, Bademöglichkeiten in 17 Steinbruchseen

Anreise mit PKW
B 184 in Gommern auf die B 246a in Richtung Schönebeck und in Plötzky Landstraße nach Pretzien

Anreise mit ÖPNV
Buslinie zw. Schönebeck u. Plötzky/Pretzien/Ranies (5 x täglich)

Parkplätze
10 Parkplätze für PKW, 1 für Busse

Informationsmaterial
Faltblatt und Kunstführer

Verkaufsangebot im Bauwerk
Kunstführer, Ansichtskarten, Kinder-Reiseführer, Postkartenheft etc.

Toiletten
nicht behindertengerechte Trockentoilette

DIE SÜDROUTE

Seehausen/Börde   25
Evangelische Kirche St. Paul

Der viergliedrige Staffelbau der Paulskirche befindet sich auf einer Anhöhe vor der Stadtmauer. Erstmals 1148 erwähnt, entstand der Bau im 12. Jahrhundert als Kirche der Neustadt (dem mittelalterlichen Nordendorf) in der für die Altmark typischen Backsteinarchitektur. Das Kirchenschiff weist die gleiche Breite wie der Westturm auf und wird durch einen eingezogenen Chor mit halbkreisförmiger gewölbter Apsis abgeschlossen.

Evangelische Kirche St. Paul in Seehausen (Börde)

Anschrift
Paulskirche
39365 Seehausen/Börde

Ernst-Thälmann-Str. 17
39365 Seehausen/Börde
Tel.: (039407) 425

Öffnungszeiten
nach Absprache mit dem ev. Pfarramt

Eintrittspreise
keine, Spenden erwünscht

Führungen
nach Absprache

Ansprechpartner für Führungen
Pfarrfamilie
Thomas u. Birgit Seiler

Übernachtung
Hotel „Romanik"
Friedrich-Engels-Str. 15
39365 Seehausen
Tel.: (039407) 50 00
Fax: (039407) 50 04 und
Gasthaus und Pension
Hopfengarten
Steinstr. 16
39365 Seehausen
Tel.: (039407) 2 27

Angebote
Börde-Museum Ummendorf,
Wanderung um den See
(Landschaftsschutzgebiet),
Ausflugsgaststätte
Hubertushöhe

Anreise mit PKW
über die B 246a

Anreise mit ÖPNV
ab Magdeburg mit dem Bus

Parkplätze
10 Parkplätze für PKW,
2 für Busse

Hadmersleben   26
Ehem. Benediktinerinnenkloster St. Peter und Paul

Im Jahre 961 stiftete Bischof Bernhard von Halberstadt auf seinem väterlichen Erbe in der Nähe der Burg Hadmersleben ein Benediktinerinnenkloster. Es war durch seine Lage auf einem Steilufer über dem ehemaligen Lauf der Bode am Übergang der Heerstraße Halberstadt-Magdeburg ausgezeichnet. Die Liudolfinger, besonders Kaiser Otto III., statteten das Kloster mit reichem Grundbesitz aus und begründeten damit seinen wirtschaftlichen Reichtum, der im 13. Jahrhundert zu einer Blüte führte. Das Kloster bestand bis 1810, als es durch die napoleonische Regierung Westfalens aufgehoben wurde. Die seit der Reformation auch als

Anschrift
Kloster Hadmersleben
Planstr. 36
39398 Hadmersleben

Öffnungszeiten
Mo–Fr 8.00–12.00 u.
14.00–17.00 Uhr

Eintrittspreise
keine, Spenden erwünscht

Führungen
zu den Öffnungszeiten und
Sa/So 10.00 u.14.00 Uhr
nach Vereinbarung

**Ansprechpartner für
Führungen**
Dr. W. Merfert,
Römersiedlung 26
39398 Hadmersleben
Tel.: (039408) 66 66

Fax: (039408) 213
Spezialführungen auf
Wunsch: Schulklassen,
Senioren, Architektur und
Kunst, Geschichte

Ausstellungen
Joachim-Winckelmann-Saal,
Ferdinand-Heine-Museum,
Französische Panorama-
Tapete

Unser Tip
ältestes Kirchenschiff und
älteste gotische Glasmalerei
der Magdeburger Börde

Angebote
Führungen zu Winckelmann
in Hadmersleben, Telemann
in Hadmersleben; Burg
Hadmersleben;
Heimatmuseum

Anreise mit PKW
Magdeburg-Wanzleben-
Hadmersleben; Helmstedt-
Oschersleben-Hadmersleben;
Halberstadt-Kroppenstedt-
Hadmersleben

Anreise mit ÖPNV
Bahnlinie o. Busstation
Hadmersleben
Parkplätze 50 Parkplätze für
Pkw, 10 für Busse

**Verkaufsangebot im
Bauwerk**
Literatur u. Postkarten
während der Öffnungszeiten

Toiletten
2 WCs im Bauwerk (nicht
behindertengerecht)

Pfarrkirche benutzte Klosterkirche verblieb im Besitz der katholischen Gemeinde.
Drei Bauphasen bestimmen die heutige Erscheinung der Klosterkirche. Vom ersten Bau aus dem 10. Jahrhundert sind Teile in der romanischen Krypta verborgen, die sich nicht wie gewöhnlich unter dem Hochaltar im Osten, sondern im Westen unter der Nonnenempore befindet und als dreischiffige Halle ausgebildet ist. Ihr Südschiff bildet den ältesten Baubestand, der ab Mitte des 11. Jahrhunderts in einen umfassenden Um- und Neubau einbezogen wurde. Damals erfolgte auch eine neue Weihe.

Das Gewölbe der dreischiffigen Hallenkrypta des 12. Jahrhunderts in Hadmersleben wird abwechselnd von quadratischen Pfeilern mit Ecksäulchen und achteckigen Stützen getragen. Im Südschiff blieben vom Vorgängerbau die gedrungenen Säulen mit schweren Würfel- und Kelchkapitellen erhalten.

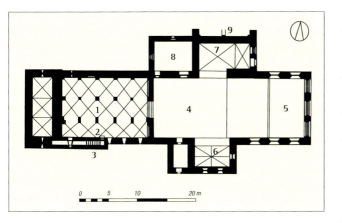

1 Unterkirche
2 Südschiff der Unterkirche: ältester Teil der Kirche (11. Jh.)
3 Treppe zur Nonnenempore (17. Jh.)
4 Langhaus, Kanzel von 1699
5 gotischer Chor mit barockem Hochaltar
6 Südkapelle mit Altar von 1713
7 Nordkapelle mit Altar von 1713 und spätgotischen Skulpturen
8 Sakristei
9 sogenannter Kapitelsaal

Die als romanische Basilika begonnene Oberkirche erhielt um 1160–1180 ihre heutige Höhe und Breite; gleichzeitig entstand auch der zweischiffige Kapitelsaal. In der zweiten Hälfte des 13. und im 14. Jahrhundert erfolgte die Bauplanänderung zur gotischen Saalkirche, wobei der Chor und die querschiffartigen Seitenkapellen neu errichtet und die bisherigen Rundbogenfenster zu spitzbogigen Lanzettfenstern umgeformt wurden. Das Kirchturmmassiv entstand um 1250. Das Glockengeschoß mußte jedoch 1583 wegen Baufälligkeit abgetragen und neu aufgemauert werden.

Das Innere ist geprägt von den Umbauarbeiten nach den Schäden des Dreißigjährigen Krieges: Im Schiff wurde der Fußboden östlich der Nonnenempore höhergelegt, das Mittelschiff der Unterkirche mit einem Rundbogen zum Langhaus geöffnet und harmonisch 1699–1710 eine barocke Ausstattung eingefügt.

Der Klosterbezirk nördlich der Kirche bietet trotz vielfältiger Umbauten noch immer einen geschlossenen Eindruck.

Gröningen

Ehem. Benediktinerklosterkirche St. Vitus

Die Klosterkirche Gröningen ist nur 13 km von Halberstadt entfernt und eng mit der Geschichte der alten Bischofsstadt verbunden. Eine hier bereits im 12. Jahrhundert bestehende Burg wurde 1368 sogar Residenz der Bischöfe von Halberstadt.

Bereits 936 nennen die Quellen einen heute nicht mehr zu lokalisierenden Königshof. Graf Siegfried, Bruder des mächtigen Markgrafen Gero, erhielt von Heinrich I. diesen Besitz und stiftete nach dem plötzlichen Tod seiner Kinder darauf ein Benediktinerkloster, das Corvey unterstellt wurde. Noch 1154 bestätigte der Papst die Abhängigkeit von jener westfälischen Abtei, zu der bis zur Auflösung enge Beziehungen bestanden. Ab 1247 waren

27

Die einzigartigen farbig gefaßten romanischen Stuckreliefs wurden zu Beginn des 20. Jahrhunderts nachgebildet. Die Originale befinden sich seit 1904 im Bode-Museum auf der Berliner Museumsinsel (Staatliche Museen Preußischer Kulturbesitz – Skulpturensammlung).

Anschrift
Klosterkirche St. Vitus
39397 Kloster Gröningen

Öffnungszeiten
1. April–30. November:
Mo, Mi, Do 9.00–12.00 Uhr
u. 13.00–16.00 Uhr,
Fr, Sa 14.00–17.00 Uhr
1. Dezember–31. März
sowie außerhalb der
Öffnungszeiten nach
Voranmeldung
Schlüssel im Pfarrhaus
(gegenüber) abholen

Eintrittspreise
keine, Spenden erwünscht

Führungen
Siehe Öffnungszeiten

Ansprechpartner für Führungen
Karin Kessler
Freiheitstraße 10
39397 Gröningen
Tel./Fax: (039403) 46 47

Spezialführungen
Schulklassen nach Anmeldung

Anreise mit PKW
über die B 81

Parkplätze
10 Parkplätze für PKW,
2 für Busse

Toiletten
WC im Pfarrhaus

die Bischöfe von Halberstadt die Vögte von Gröningen. Das Kloster wurde nach der Reformation 1550 aufgelöst.

Man ergrub 1934 einige Fundamente des ottonischen Gründungsbaues. Sie werden als Reste eines Saalbaues mit zellenartigen Flügelbauten gedeutet und weisen damit auch baulich auf die Corveyer Mutterkirche hin. Vom Ursprungsbau hat sich im westlichen Kapelleneinbau ein korinthisierendes Kapitell erhalten.

Anfang des 12. Jahrhunderts wurde der zweite Bau errichtet: eine dreischiffige Basilika mit Querschiff, ausgeschiedener Vierung und dreiapsidialem Staffelchor. Der zweigeschossige Westbau blieb unvollendet. Die unter dem Einfluß der Hirsauer Reformbewegung entstandene Klosterkirche erfuhr in ihrem äußeren Erscheinungsbild im Laufe der Jahrhunderte starke Veränderungen. So verschwanden im 16. Jahrhundert das südliche Seitenschiff, 1606 die beiden Chorseitenschiffe und 1819 schließlich das nördliche Seitenschiff sowie die Hauptapsis.

Innenraum mit Blick nach Westen. In den nachträglich vermauerten Arkaden sind die einstige Raumgliederung und die Bauplastik des 12. Jahrhunderts erkennbar, an der Emporenbrüstung die Abgüsse der romanischen Stuckreliefs.

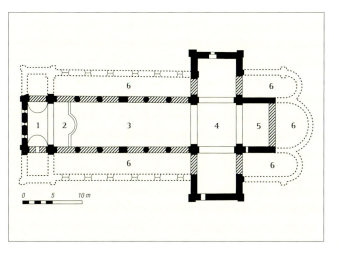

1 Rest des Westbaus, im Erdgeschoß Kapelle, darüber Empore
2 Emporenbrüstung mit Abgüssen der Stuckreliefs, darunter Wandmalereien
3 Mittelschiff mit vermauerten Arkaden im niedersächsischen Stützenwechsel
4 Vierung, darüber romanischer Vierungsturm, am nordwestlichen Pfeiler Engelsrelief
5 Chorraum, an der Südseite Rankentympanon
6 abgebrochene Apsiden und Seitenschiffe

Die Pläne in der Mitte des 19. Jahrhunderts, die Gröninger Klosterkirche mit Doppelturmfassade, Apsiden und Seitenschiffen wieder vollständig zu erneuern, kamen nicht zur Ausführung. Jedoch gelang es mit der Restaurierung 1902, durch die Zurücknahme der Arkadenvermauerung das Stützensystem wieder freizulegen.

Trotz der Veränderungen gehört die St. Cyriakuskirche zu den eindrücklichsten Bauten an der Straße der Romanik – weithin überragt der gewaltige oktogonale Vierungsturm die Landschaft. Sein Mauerwerk ist über zwei Etagen durch reizvolle Biforenfenster gegliedert. Nach dem schlichten Äußeren überrascht die reiche Gestaltung im Inneren. Die Säulen und Pfeiler sind wie in der Quedlinburger Stiftskirche nach dem niedersächsischen Stützenwechsel (zwei Säulen folgen auf einen Pfeiler) angeordnet. Auch die Kapitellplastik steht in unmittelbarer Nachfolge der Quedlinburger Langhauskapitelle. So finden wir nicht nur das Sternblattmuster, das Knotenband und den Akanthusfries wieder, sondern auch die von Drachen angegriffenen Eckmasken, das Adlerkapitell und die Weinranke.

Um 1170 erfolgte der Einbau der Westempore. In den Mittelraum der Westanlage wurde eine Kapelle eingefügt, die etwas unter dem Fußbodenniveau des Langhauses liegt. In ihr haben sich Reste von romanischer Wandmalerei erhalten. Die Brüstung der Empore zieren Reliefs mit Christus als Weltenrichter, flankiert von den zwölf Aposteln. Die Köpfe heben sich bereits vollplastisch von der Wand ab und zeigen so den Übergang vom Halbrelief zur Plastik. Die Originale der Gröninger Emporenreliefs gehören zu den bedeutendsten plastischen Kunstwerken des 12. Jahrhunderts in Deutschland und gelten als bedeutendste Beispiele für die Spätzeit des „strengen Stils".

Die Klosterkirche St. Cyriakus besitzt den frühesten Vierungsturm im Harzgebiet. Er prägt noch heute die Landschaft.

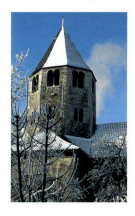

28 Hamersleben

Kath. Augustinerstiftskirche St. Pankratius

Ähnlich wie im Falle von Gröningen wird in den Quellen ein Königshof erwähnt, den Kaiser Heinrich II. 1021 dem Bistum Merseburg übereignete. Dorthin wurde nach 1112 das erste regulierte Augustiner-Chorherrenstift auf ostdeutschem Boden verlegt, da am ursprünglichen Platz in Osterwieck das umtriebige Leben auf dem Markt die Chorherren empfindlich gestört hatte. Ein umfangreicher Grundbesitz sicherte dem Konvent sein Auskommen.

Nach der Reformation blieben die Augustiner dem alten Glauben treu. Erst 1804 wurde der Konvent endgültig aufgehoben. Die Kirche dient der katholischen Pfarrei.

Bald nach der Verlegung baute man nach einheitlichem Plan die mächtige Klosterkirche, die bereits um 1140 fertig war. In kurzer

Die Stiftskirche St. Pankratius in Hamersleben verdankt ihren Ruhm besonders den Tier- und Pflanzenornamenten an den Würfelkapitellen der Langhaussäulen. Es sind Bildwerke von starker psychologischer Eindringlichkeit.

Zu Beginn des 13. Jahrhunderts entstand im südlichen Querhausarm ein Altarziborium, das zu den ältesten Beispielen dieser Art auf deutschem Boden gehört.

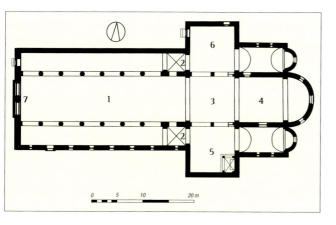

1 Basilikales dreischiffiges Langhaus
2 Gewölbte Seitenschiffjoche, darüber die Türme
3 Vierung mit Chorus minor (Mönchschor), Chorschranken mit Stuckreliefs
4 Chor mit barockem Hochaltar
5 Gotisches Altarziborium (Baldachin)
6 Nordquerhaus mit barocken Apostelfiguren
7 Empore mit barocker Orgel

Bauzeit entstand eine dreischiffige, flachgedeckte Säulenbasilika mit Querschiff und dreischiffigem Presbyterium, das durch halbrunde Apsiden abgeschlossen wird. Über der Vierung steht nur ein Dachreiter, dagegen erheben sich oktogonale Steintürme über den östlichen Jochen der Seitenschiffe, die Ähnlichkeiten mit denen der Liebfrauenkirche in Halberstadt aufweisen. Die äußerste Perfektion der Bauausführung spiegelt sich in den sorgsam behauenen Sandsteinen der Außenwände wieder. Mit dem Fehlen des Westwerkes, dem Verzicht auf Krypten und Einwölbung der Kirche sowie der differenzierten Gestaltung der Ostteile wurden gewisse Eigenheiten der Reformbaukunst der Benediktiner übernommen, was auch für den sparsamen Außenschmuck gilt. Einzig ein Palmettenfries über einem Rundbogenfries am Dachgesims, ein Flechtbandfries am Traufgesims des südlichen Seitenschiffes und profilierte senkrechte Stäbe am südlichen Querschiffsgiebel schmücken das Bauwerk. Reicher gegliedert ist nur die Hauptapsis.

Von der Stuckierung der Chorschranken (ähnlich wie in der Liebfrauenkirche Halberstadt) aus dem frühen 13. Jahrhundert hat sich an der Nordseite ein Rest mit den drei Figuren von Christus und den Erzaposteln Petrus und Paulus erhalten.

Mittelschiff nach Westen mit der Orgel, deren prächtiger Prospekt um 1740 entstand.

Im Inneren verzichteten die Chorherren jedoch nicht auf die Bauzier. Es entstanden Kapitelle von hoher künstlerischer Meisterschaft. In zwanzig verschiedenen symbolischen Bildern ließen die Augustiner-Chorherren für ihre Kirche das große Thema des hohen Mittelalters in die Kapitelle des Langhauses meißeln: die Vorstellung von Gott, der Licht und Leben bedeutet und dem Bösen keine Chance zugesteht – ein erregendes Zeugnis mittelalterlicher Angst vor dem Unbegreiflichen, verbunden mit einer unendlichen Sehnsucht nach Frieden des Körpers und der Seele. Bis zum 15. Jahrhundert veränderte sich die Kirche kaum. Die Türme erhielten nach 1512 ihre spitzen Helme. Die Restaurierungen des 19. und 20. Jahrhunderts beließen die barocke Ausstattung. An Stelle der spät- oder nachmittelalterlichen hölzernen „Gewölbe" wurden Balkendecken eingezogen und das ursprüngliche Fußbodenniveau wieder freigelegt.

Der Innenraum wird von mächtigen glatten Säulenschäften gegliedert.

Anschrift
Stiftskirche St. Pankratius
Klosterhof 8
39393 Hamersleben

Öffnungszeiten
Sommer: Mo–Sa
9.00–18.00 Uhr, außer bei
Gottesdiensten
Winter: Mo–Sa 9.00 Uhr bis
zum Einbruch der
Dunkelheit,
So 12.00–18.00 Uhr, außer
bei Gottesdiensten

Eintrittspreise
keine, Spenden für die Orgel
erwünscht

Führungen
nach Anmeldung im kath.
Pfarramt

Ansprechpartner für Führungen
Pfarrer Ludger Kemming
Klosterhof 8
39393 Hamersleben
Tel.: (039401) 483
Fax: (039401) 483

Spezialführungen
auf Wunsch

Gastronomie
„Hamersleber Hof"

Unser Tip
Pfarrer Kemming hat eine
Pfauenzucht und
Heidschnucken.

Anreise mit PKW
von Halberstadt über
Schwanebeck o. über Huy,
Aderstedt, Gunsleben

Anreise mit ÖPNV
per Bus

Parkplätze
35 Parkplätze für PKW,
10 für Busse,
Busparkplätze auf dem
Klosterhof, Zugang zu Kirche
über den Pfarrgarten von
Osten

Verkaufsangebot im Bauwerk
Postkarten und Broschüren

Toiletten
Bei Konzerten und
Führungen ist die Nutzung
der Toiletten im Pfarramt
möglich.

*Aus der Spätgotik hat sich
eine schöne Madonna mit
Kind erhalten, entstanden
am Ende des
15. Jahrhunderts. Sie
steht auf einer Mondsichel
und stellt so die Himmelskönigin und das Apoka-
lyptische Weib zugleich
dar.*

*Im Innenraum offenbaren
sich mit Blick durch das
Mittelschiff nach Osten
die vornehmen
Proportionen des Baus
besonders eindrücklich.
Außer den reichen
Kapitellen schmückt nur
ein Schachbrettmusterfries
die glatten Seitenwände.
Der barocke Hochaltar von
1687 schließt den Raum
wirkungsvoll ab, verdeckt
aber den Blick auf die
Apsis.*

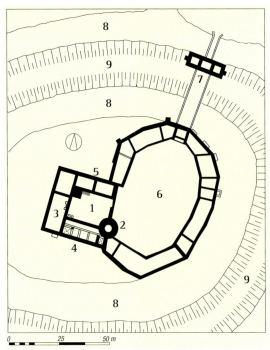

Wasserburg Westerburg

1 Kernburg
2 Bergfried
3 Westflügel mit
  vermutlichem Palas
4 Südflügel mit Küche
5 Nordflügel mit Kapelle
  (im 3. Geschoß)
6 Vorburg mit
  Wirtschaftshof
7 Vortorhaus
8 Graben
9 Wall

Dedeleben

Wasserburg Westerburg

In der Nähe von Dedeleben liegt im Großen Bruch die romanische Wasserburg Westerburg. Nach schriftlichen Quellen befand sich diese alte Harzgrafenburg ab 1052 im Besitz des Bistums Halberstadt, ab 1180 war sie ein Lehen der Grafen von Regenstein. Diese ließen die runde Kernburg zu einer stark befestigten, mit doppeltem Wassergraben gesicherten Anlage ausbauen und um 1300 anschließend an den runden Bergfried um eine kastellartige Wohnburg erweitern. Der wehrhafte Charakter der Westerburg blieb bei den späteren Ergänzungen wie den malerischen Fachwerkaufbauten bewahrt. Die romanischen Keller werden heute gastronomisch genutzt; zugänglich sind zudem die barocke Schloßkapelle, das Jagdzimmer und der Rittersaal. Zum Verweilen lädt auch der gepflegte Park ein.

Den weiten Hof der runden Kernburg prägt das große Taubenhaus mit seinem Fachwerkaufsatz.

Anschrift
Romanik-Hotel Wasserschloß-Westerburg
38836 Westerburg-Dedeleben (Huy)
Tel.: (039422) 95 50
Fax: (039422) 9 55 66
www.hotel-westerburg.de
info@hotel-westerburg.de

Öffnungszeiten
täglich, Führungen nach Voranmeldung

Die Dominante der Westerburg bei Dedeleben – der Bergfried – ist der älteste erhaltene Teil.

30 Huysburg

Kath. Benediktinerklosterkirche St. Maria

Anschrift
Benediktinerkloster
Huysburg
38838 Dingelstedt

Öffnungszeiten
Sommer:
tägl. 7.00–19.30 Uhr
Winter: tägl. 7.00 Uhr bis zum
Einbruch der Dunkelheit

Eintrittspreise
keine

Führungen
nach Voranmeldung ab 9.00 Uhr
(bei Bedarf auch ohne
Anmeldung)

**Ansprechpartner für
Führungen**
Benediktiner-Priorat Huysburg
38838 Dingelstedt
Tel.: (039425) 96 10
Fax: (039425) 9 61 98

Gastronomie
Kloster-Café, geöffnet
12.00–17.00 Uhr (Mi
geschlossen, im Winter Mi u Do
geschlossen)

Angebote
schöne Wanderwege: Huysburg-
Sargstedter Warte-Danailshöhle-
Teich-Röderhof,
Huysburg-Paulskopfwarte

Anreise mit PKW
Halberstadt-Dingelstedt-
Helmstedt

Die Halberstädter Bischöfe erhielten 997 von Kaiser Otto III. den Bann über den Huywald und wahrscheinlich auch die Burganlage, von der heute nur noch geringe Wallreste sichtbar sind. Im 11. Jahrhundert besaß Bischof Burchard I. von Halberstadt am Huy – einem etwa 20 Kilometer langen, bewaldeten Höhenzug nördlich von Halberstadt – einen wohl für Jagdzwecke genutzten Hof, der als „curia" bezeichnet wurde. Darin wurde 1058 eine doppelgeschossige Marienkapelle geweiht. Aus der Kurie entwickelte sich ein der Benediktinerregel folgendes Doppelkloster, das Bischof Burchard II. von Halberstadt 1084 zur Abtei erhob. Nach einer wechselvollen Geschichte, in deren Verlauf sich im 15. Jahrhundert die Frauengemeinschaft auflöste und sich der Männerkonvent 1444 der Bursfelder Kongregation anschloß, nach Zerstörungen im Bauernkrieg, Konsolidierung im 18. Jahrhundert und Aufhebung 1804, bewohnt seit 1972 wieder ein kleiner Konvent von Benediktinern das Kloster.

Die wenige Jahrzehnte nach der Klostergründung 1121 geweihte Kirche ist eine dreischiffige, kreuzförmige Basilika. Ihr langgestreckter Chor entstand in zwei Bauetappen im Anschluß an die ältere Marienkapelle. An die Querhausarme waren ursprünglich Apsiden angefügt. Das kurze, dreijochige Langhaus besitzt rheinischen Stützenwechsel und Entlastungsbögen, ein Westchor schließt sich an. Der zweitürmige Westbau wurde erst 1487 hinzugefügt, der Dachreiter im 19. Jahrhundert stilistisch korrigiert. Die Ausstattung stammt hauptsächlich aus dem 18. Jahrhundert. Außer den Kapitellen blieb vom Schmuck des 12. Jahrhunderts einzig ein Türsturzfragment mit einem Engelrelief erhalten.

Ansicht nach Osten; die Stützen der Arkaden wechseln sich nach rheinischer Art einfach ab. Die barocke Ausstattung fügt sich harmonisch in den mittelalterlichen Raum ein.

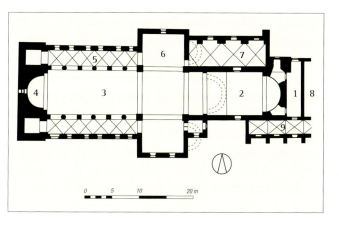

1 Reste der ersten Marienkapelle von 1058
2 Chor der romanischen Basilika
3 Dreischiffiges Langhaus der romanischen Basilika
4 Westbau mit Apsis und zwei Türmen
5 Nördliches Seitenschiff mit romanischem Türsturzfragment
6 Nördliches Querhaus mit Grabmal des ersten Abtes Eckehard
7 Marienkapelle
8 Klostergebäude
9 Spätgotischer Kreuzgang

Von den romanischen Klostergebäuden im Südosten der Kirche haben sich Reste eines Kreuzgangflügels erhalten; Teile der Bauornamentik gelangten zudem in die Berliner Museen und in den Park des ehemaligen Huysburger Klostergutes Röderhof. Vom ehemaligen Südflügel der Klausur besteht noch die sogenannte „Bibliothek", einst wohl das Refektorium.

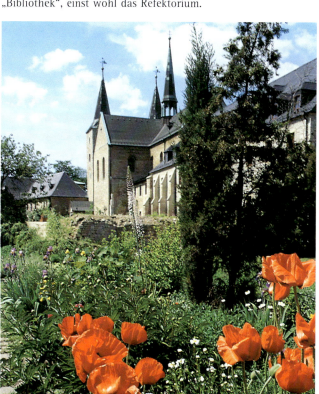

Anreise mit ÖPNV
Bus von Halberstadt-Dingelstedt o. Schlanstedt, von Haltestelle ca. 1 km Fußweg

Parkplätze
40 Parkplätze für PKW, 5 für Busse, weitere Parkplätze ca. 1 km vom Bauwerk entfernt

Informationsmaterial
Karten, Broschüren, Faltblatt

Toiletten
3 WCs im Innenhof, auch für Behinderte

Die 1121 geweihte Klosterkirche auf der Huysburg ist ein bedeutendes Denkmal niedersächsischer Baukunst an der Grenze zwischen früh- und hochromanischer Architektur.

Halberstadt

Neben Goslar war Halberstadt als „Tor zum Harz" dank seiner günstigen Verkehrslage und nicht zuletzt wegen seines Bischofssitzes die bedeutendste Stadt des nördlichen Harzvorlandes. Um 800 wurde in dem heutigen Osterwieck (Seligenstadt) ein Missionsstift gegründet, das Bischof Hildegrim von Châlons-sur-Marne 804 nach Halberstadt verlegte. Zum Schutzpatron des Bistums wurde der heilige Stephanus bestimmt.
Das Bistum sollte über Jahrhunderte die Geschicke der Stadt bestimmen. So entwickelte es sich bereits unter dem angelsächsischen Theologen Haimo (840–853) zu einem der wichtigsten Bistümer in Sachsen, und der 992 geweihte Dom war nach wenigen Jahrzehnten mit einem Kranz von Kirchen umgeben. Im Investiturstreit begegnet uns Halberstadt als Zentrum der päpstlichen Partei. Bischof Reinhard nahm an der entscheidenden Schlacht 1115 am Welfesholz auf Seiten der sächsischen Fürsten teil. 1179 eroberte Heinrich der Löwe die Stadt und ließ sie zum Teil in Schutt und Asche legen.
In der Reformation schloß sich der Bischof dem neuen Bekenntnis an, das Domkapitel wurde jedoch erst 1810 aufgehoben.
Die Altstadt von Halberstadt wurde wie jene Magdeburgs 1945 ein Raub der Flammen – eine der schönsten deutschen Fachwerkstädte ging damit für immer verloren. Noch immer beherrscht jedoch der Dombezirk mit seinen beiden gewaltigen Kirchen, dem Dom und der Liebfrauenkirche, neben den beiden ungleichen Türmen der Stadtpfarrkirche St. Martini das Stadtbild.

Halberstadt 31
Ev. Domkirche St. Stephan und St. Sixtus

Beim ottonischen Vorgängerbau handelte es sich um eine ansehnliche Steinbasilika mit breitem Mittelschiff und chorähnlichem Ostanbau, der wohl in Konkurrenz zu der kaiserlichen Stiftung in Magdeburg entstand und 992 geweiht wurde. Entsprechend den Ansprüchen der Halberstädter Bischöfe wurde dieser Bau ab dem 13. Jahrhundert durch eine großartige Kathedrale in den reinsten Formen gotischer Baukunst im sächsisch-thüringischen Raum ersetzt.
Vor dem Westwerk des ottonischen Baues wuchs bis um 1250 der neue Westquerbau mit den beiden quadratischen Türmen mit den Merkmalen des burgundisch-zisterziensischen Übergangsstiles, der sich auf wenige schmückende Details beschränkt. Nach einer Planänderung in der Mitte des 13. Jahrhunderts traten die drei westlichen Joche des Langhauses an die Stelle des ottonischen

Die sogenannte „Halberstädter Madonna", die Holzfigur der thronenden Muttergottes, wurde um 1230 geschaffen und stammt aus der Liebfrauenkirche (heute im Domschatz).

Westwerkes, die in ihrer Form ein Ergebnis der über Magdeburg von Frankreich nach Deutschland eindringenden hohen Gotik sind. Die Maße des ottonischen Baues wurden jedoch beibehalten. Daher führte die Erhöhung der Mittel- und Seitenschiffswände zu der für Halberstadt typischen Steilheit der Proportionen. Mit dem Bau der Marienkapelle, einer Chorscheitelkapelle, wurde der Bau im Osten fortgesetzt und mit dem spätgotischen Chor abgeschlossen.

Der großartige Innenraum von ausgeglichener Schönheit weist eine außerordentlich reiche figürliche Ausstattung auf mit einem vielfältigen Skulpturenschmuck an den Pfeilern und am Lettner. Unter dem bedeutenden Bestand an mittelalterlicher Glasmalerei sind die Scheiben in der Marienkapelle hervorzuheben – sie bilden einen der wenigen, relativ gut erhaltenen hochgotischen Zyklen.

Im 19. Jahrhundert ähnelten sich die Geschicke der Dombauten in Halberstadt und Magdeburg. Gleichzeitig mit der Instandsetzung des Magdeburger Domes erklärte Friedrich Wilhelm III.,

*Seite 87: Die Westpartie des Halberstädter Doms bildete den Ausgangspunkt für den gotischen Dombau im 13. Jahrhundert.
Der Halberstädter Dom ist der am nachhaltigsten von der nordfranzösischen Gotik – besonders von der Kathedrale von Reims – beeinflußte Bau in Mitteldeutschland.*

rechts: Blick durch das Mittelschiff zum Chor. Im Vordergrund der monumentale Taufstein aus Rübeländer Marmor aus dem Ende des 12. Jahrhunderts.

Seite 89: Der Chorraum wird gegen die Vierung vom spätgotischen Hallenlettner abgeschlossen, einem virtuosen Werk der Steinmetzkunst, vollendet 1510.

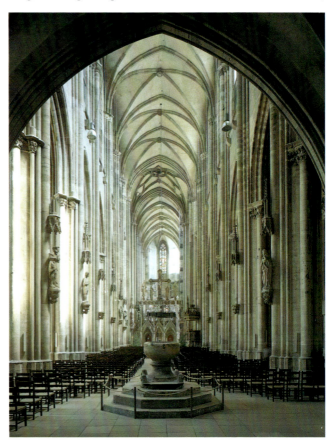

Unter den Pfeilerfiguren befinden sich Meisterwerke spätgotischer Plastik, etwa das 1510 entstandene Standbild des hl. Sebastian, das der Art Tilmann Riemenschneiders nahe steht.

Anschrift
Dom St. Stephanus
Domplatz 16 a
38820 Halberstadt
Tel.: (03941) 2 42 37
Fax: (03941) 2 42 37

Öffnungszeiten
Mai–Okt.:
Mo–Fr 10.00–17.00 Uhr
Sa 10.00–16.30 Uhr,
So/Feiert.
11.00–17.30 Uhr,
Nov.–Apr.:
Mo–Sa 10.00–16.00 Uhr,
So 11.00–16.00 Uhr

Eintrittspreise
Erw. 3,50 EUR, Kinder 1,50 EUR, erm. 2,00 EUR

Führungen Dom und Domschatz
Apr.–Okt.:
Di–Fr 10.00, 11.30, 14.00,
15.30 Uhr, Sa 10.00, 12,00 u. 14.00 Uhr, So 11.30 u. 14.30 Uhr,
Montags ist der Domschatz ganzjährig geschlossen,

Führungen im Dom
11.30 u. 14.30 Uhr,
Nov.–März:
Di–So 11.30 u. 14.30 Uhr
Anmeldung für Gruppenführungen
Tel.: (03941) 2 42 37

Ausstellungen
Domschatz
Unser Tip: Johanniskirche (älteste Fachwerkkirche Deutschlands), Konzerte im Sommerhalbjahr im Dom

Angebote
Gleimhaus, Städtisches Museum, Schraubenmuseum, Heineanum, Sommerbad

Anreise mit PKW
über die B 79 o. B 81

Anreise mit ÖPNV
mit Bahn, Bus o. Straßenbahn möglich

Parkplätze
550 Parkplätze für PKW, 3 für Busse (Parkuhr), Parkhaus Rathauspassage, Busparkplätze im Hohen Weg (ca. 300 m entfernt)

Informationsmaterial
Prospekte

Verkaufsangebot im Bauwerk
Bücher, Karten, Broschüren

Toiletten
öffentliches WC im Rathaus (ca. 4 min entfernt)

„daß auch in Halberstadt die der Würde der Dom-Kirche angemessene Herstellung" erfolgen sollte. Zunächst stellte man jedoch nur einen rein gotischen Innenraum wieder her; die barocke Ausstattung wurde aufgegeben. Das neue Gemeindegestühl folgt in seiner Wangenbildung dem mittelalterlichen Chorgestühl. Ab 1847 sicherte man auch die Außenwände und vollendete die Arbeiten mit dem Neubau der Turmobergeschosse. Nach starken Zerstörungen 1945 folgten aufopferungsvolle Sicherungs- und Sanierungsmaßnahmen.

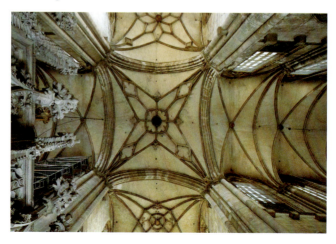

Die Vierung und das Querschiff bereichern auffallend schöne Stern- und Netzgewölbe.

Die um 1220 entstandene und noch spätromanische Triumphkreuzgruppe zeichnet sich durch ihre niedersächsisch-byzantinische Formenwelt aus. Restaurierungsarbeiten 1996 offenbarten ein Geheimnis: Im Hinterkopf der Christusfigur entdeckte man eine kleine Vertiefung, in der sich in Seide gewickelte Knochensplitter von Heiligen und eine Kreuzreliquie befanden.

Der Abrahamsteppich im Domschatz, entstanden um 1160, gehört zu den schönsten Werken romanischer Textilkunst.

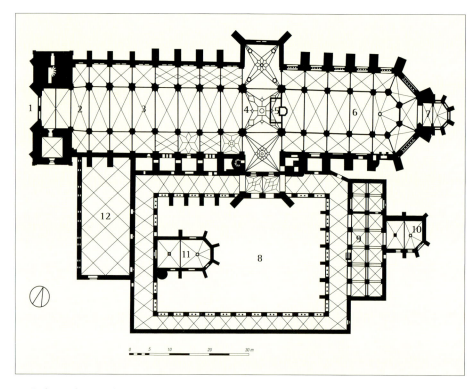

1 Frühgotischer Westbau mit zwei Türmen
2 Romanischer Taufstein
3 Langhaus mit spätgotischen Pfeilerfiguren
4 Vierung und Querhaus, Steinemporen mit Skulpturenschmuck
5 Spätgotischer Lettner, darüber spätromanische Triumphkreuzgruppe
6 Chor
7 Marienkapelle
8 Kreuzhof mit Kreuzgang
9 Sogenannter Alter Kapitelsaal
10 Stephanuskapelle
11 Neuenstädter Kapelle
12 Remter (Domschatz)

Im Kapitelsaal und im Remter wird heute der Domschatz aufbewahrt. Er gehört mit seinem erlesenen Bestand an Wandteppichen niedersächsischer Herkunft und liturgischen Gewändern zu den reichsten Kirchenschätzen Europas. Besonders hervorzuheben ist der großartige Bestand an liturgischen Geräten und Reliquiaren. Im Mittelalter bedeutete der Besitz einer Reliquie ein Stück Heilsgewißheit, wobei man Reliquien aus dem Heiligen Land besondere Bedeutung und Wirkungskraft zusprach. Die Kreuzzüge wurden deshalb auch genutzt, um in den Besitz solcher Heiligtümer zu kommen. Einen wertvollen Teil der Halberstädter Reliquiare brachte Konrad von Krosigk nach der Eroberung Konstantinopels 1202 zunächst in das Kloster Sittichenbach. Als das kostbarste Stück und eine der bedeutendsten erhaltenen Silbertreibarbeiten der mittelbyzantinischen Epoche gilt die Weihbrotschale aus dem 11. Jahrhundert. Sie dürfte auch Anregung für die Gestaltung der monumentalen Triumphkreuzgruppe im Dom geboten haben, die um 1220–1230 entstand.

Halberstadt

Ehem. Augustinerklosterkirche U. L. Frauen
(Evangelisch-reformierte Liebfrauenkirche)

Gegenüber dem Dom erhebt sich auf dem langgestreckten Domplatz die Liebfrauenkirche, die ihre hochromanischen Formen bewahrte. Bischof Arnulf gründete 1005 ein Augustiner-Chorherrenstift; bis 1020 wurde daraufhin eine wahrscheinlich kreuzförmige Basilika mit Vierstützenkrypta errichtet. Von ihr hat sich bis heute das Untergeschoß des Westriegels erhalten.

Mit dem 1146 von Bischof Rudolph geweihten Neubau für die regulierten Augustiner-Chorherren entstand eine viertürmige romanische Basilika in blockhafter Gestalt mit ruhigen ausgewogenen Formen. Abweichend von der dreischiffigen Chorform mit Apsiden des cluniazensischen Vorbildes sind die Wände zwischen den Chorschiffen geschlossen, die Seitenschiffe wurden zu selbständigen Kapellen.

Auf die Kirchenbauten im Gebiet nordöstlich des Harzes reichten die Wirkungen der cluniazensischen Reform bis weit ins 12. Jahrhundert. Hier wurden ihre Baugewohnheiten von den Augustiner-Chorherren und den Prämonstratensern verbreitet. In Ilsenburg entstand die dreischiffige Chorform mit Apsiden um 1080. Sie wurde im 12. Jahrhundert in Halberstadt an der Augustiner-Chorherrenkirche Unser Lieben Frauen wiederholt. Die Westtürme mit hohen rheinischen Rhombendächern entstanden nach 1200, zwischen ihnen das Glockengeschoß. Die Osttürme weisen polygonalen Querschnitt und Zeltdächer auf. Die Fenster der Obergeschosse sind in den unterschiedlichsten Formen als Biforien und Triforien gestaltet.

1 Ergrabene Krypta des ersten Kirchenbaus
2 Westbau mit Westtürmen
3 Basilikales dreischiffiges Langhaus
4 Osttürme
5 Chorschranken mit Stuckfiguren
6 Spätromanisches Triumphkreuz
7 Spätromanische Ambonen (Lesekanzeln)
8 Chor mit Grabmal des Bischofs Rudolf
9 Barbarakapelle mit spätgotischer Ausmalung und Flügelaltar
10 Sogenannte Taufkapelle (ehemaliger Klausurbereich)

Nach der Auflösung des Stiftes 1810 und Nutzung als Gefangenenlager verfiel der Bau, bis 1840 eine umfassende Restaurierung einsetzte. Damals entdeckte man auch den hohen Rang der Chorschranken, die seither zu den großartigsten Schöpfungen der Kunst des frühen 13. Jahrhunderts gezählt werden. Eine wichtige Maßnahme der Restaurierung war der Neuaufbau des baufälligen Nordostturmes, wofür bis zur Dachdeckung der erhaltene romanische Originalbestand verwendet wurde.

Leider hatten die Bemühungen Ferdinand von Quasts um den Erhalt der barocken Ausstattung keinen Erfolg. Nur der barocke Orgelprospekt blieb erhalten und gelangte in die Halberstädter Paulskirche.

Während der Restaurierung wurden in dem sonst streng wirkenden Raum die ursprünglichen großfigurigen Wandmalereien und Fresken freigelegt, die Quast eingehend beschrieb. Infolge der damals erfolgten Übermalung und der Kriegszerstörung 1945 sind allerdings nur sehr geringe Reste davon überkommen. Der heutige Raum präsentiert sich weitgehend schmucklos.

Von der Ausstattung blieb aber glücklicherweise das im westlichen Vierungsbogen hängende, ehemals wie im Dom auf einem Balken stehende Triumphkreuz erhalten. Es entstand um 1230 und steht der Wechselburger Kreuzigungsgruppe nahe. Im Gegensatz zur Darstellung im Halberstädter Dom ist hier Christus mit offenen Augen und erhobenem Haupt wiedergegeben.

In der um 1170 errichteten sogenannten Taufkapelle an der Südseite trägt ein Bündelpfeiler über Gurten vier Kreuzgratgewölbe. Die reichen Palmettenkapitelle weisen auf Königslutter Einfluß hin.

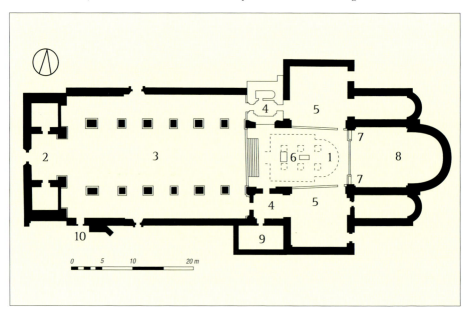

Anschrift
Liebfrauenkirche
Domplatz
38820 Halberstadt

Öffnungszeiten
tägl. 10.00–17.00 Uhr

Eintrittspreise
keine, Spenden erwünscht,
Gruppe 1,50 EUR bei
Führung

Führungen
13.00 Uhr und nach
Vereinbarung

**Ansprechpartner für
Führungen**
Gabriele Seese
Domplatz 47

38820 Halberstadt
Tel.: (03941) 2 42 10
Fax: (03941) 57 04 03

Spezialführungen
nach Absprache

Ausstellungen
Geschichte der
Liebfrauenkirche und der
reformierten Gemeinde in
der Büßerkapelle

Angebote
Stadtführungen,
Besichtigungen: Dom,
Moritzkirche, Museen

Anreise mit PKW
über die B 79 o. B 81
Anreise mit ÖPNV

mit Bahn, Bus o.
Straßenbahn

Parkplätze
550 Parkplätze für PKW,
3 für Busse,
Parkhaus Rathauspassage
Busparkplätze im Hohen
Weg (ca. 300 m entfernt)

Informationsmaterial
Prospekte, Bücher, Karten

**Verkaufsangebot im
Bauwerk**
Bücher, Karten, Broschüren

Toiletten
1 WC am Kreuzgang

*Etwas später als die
Chorschrankenreliefs um
1230 entstanden, gehört
auch das Triumphkreuz zu
den großen,
unverwechselbaren
Leistungen sächsischer
Bildhauerkunst.*

*Die erhaltenen, farbig
gefaßten Stuckreliefs der
Chorschranken aus dem
beginnenden
13. Jahrhundert lassen die
Polychromie der
romanischen Kirche
erahnen und sind in der
Lebendigkeit der Figuren
einzigartig in Europa.
Dargestellt sind Maria und
Christus sowie die zwölf
Apostel.*

Osterwieck

Evangelische Stadtkirche St. Stephani

rechts: Die heutige Westfassade zeigt den für das 12. Jahrhundert typischen sächsischen Querriegel mit Westportal und quadratischen Turmaufbauten.

Wenn der Überlieferung des 12. Jahrhunderts Glauben zu schenken ist, dann bezeichnete man die Kaufmannssiedlung Osterwieck – heute eine wenig bekannte, aber sehr sehenswerte Fachwerkstadt – zunächst als Seligenstadt. Es handelte sich dabei wohl um den Ort, wo das Missionsbistum gegründet worden war, das man im frühen 9. Jahrhundert nach Halberstadt verlegte.

Wahrscheinlich gehört die St. Stephanikirche zu den sagenhaften 35 Urpfarreien, die im 8. Jahrhundert von Bischof Hildegrim von Halberstadt auf Veranlassung des Kaisers Ludwig des Frommen gegründet worden sein sollen. Sie wird jedoch erst 1111 urkundlich erstmals genannt.

Aus romanischer Zeit hat sich der zweitürmige Westbau von klarer, herber Schönheit erhalten. Er fällt wohl in die kurze Zeit, in der hier ein von Bischof Reinhard von Halberstadt gegründetes Augustinerkloster bestand. Die Strenge des Baukörpers wird unterbrochen durch die klare Gliederung der Eck- und Stablisenen und den durch Triforien gegliederten Turmzwischenbau. Die schlanken Helme und die Turmbrücke entstanden freilich erst im 19. Jahrhundert.

Das Kirchenschiff brannte 1511 aus. Danach baute man eine dreischiffige gotische Hallenkirche mit Kreuzrippengewölben, Achteckpfeilern und reliefierten Arkadenbögen. Sie wies als Besonderheit bereits im 16. Jahrhundert Steinsichtigkeit mit partieller Fassung einzelner Bauglieder auf, die über die Jahrhunderte respektiert wurde.

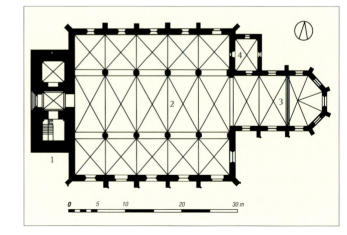

1 Romanischer Westbau mit zwei Türmen
2 Spätgotisches Hallenlanghaus
3 Chor mit spätgotischem Flügelaltar und Taufkessel (um 1300)
4 Sakristei (1757)

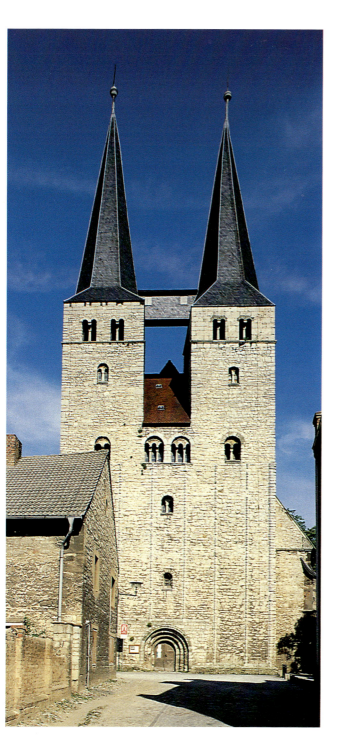

Anschrift
Stephanikirche
Stephanikirchhof
38835 Osterwieck/Harz

Öffnungszeiten
Di–Fr 10.30–15.30 Uhr,
Sa/So/Feiertag
11.00–12.00 Uhr u.
13.00–17.00 Uhr

Eintrittspreise
keine, Spenden erwünscht

Führungen
nach Anmeldung im ev. Pfarramt
u. während der Öffnungszeiten

Ansprechpartner für Führungen
Pfarrer Stephan Eichner
Stephanikirchhof 2
38835 Osterwieck/Harz
Tel.: (039421) 7 42 62

Ausstellungen
„Siege im Wandel der Jahrtausende"

Angebote
Stadtführungen nach Anmeldung
im Heimatmuseum
Tel.: (039421) 94 41

Anreise mit PKW
von Halberstadt Richtung
Osterwieck, Goslar; von
Wernigerode Richtung
Osterwieck, Goslar

Anreise mit ÖPNV
mit Bus und Bahn

Parkplätze
30 Parkplätze für PKW
(200 m entfernt)

Verkaufsangebot im Bauwerk
Postkarten, Broschüren, Bücher,
Tassen

Toiletten
behindertengerechte Toilette
beim Parkplatz am Markt
und an der Stephanikirche

Ilsenburg

Ehem. Benediktinerkloster St. Peter und Paul

Die kreuzförmige dreischiffige Basilika mit dreischiffigem Chor und sächsischem Querriegel mit quadratischen oder oktogonalen Türmen blieb nur zum Teil erhalten. Aus dem 11. Jahrhundert stammt die Südwand der Kirche, an die sich der Kreuzgang anschloß.

Kaiser Otto III. überließ 998 dem Halberstädter Bischof Arnulf die „Elisenaburg" mit der Verpflichtung, in ihr ein Kloster nach dem Vorbild von Fulda zu errichten, ohne jedoch das gesamte dazugehörige Land dem Kloster zu übereignen. Auf dem schroffen Ilsenstein wurde daraufhin eine neue Burg erbaut, deren Burgherren, die zugleich die Vogteirechte über den Konvent ausübten, die königlichen Besitzungen verwalteten. In dieser Doppelfunktion lag sicherlich einer der Konflikte im Investiturstreit begründet, in welche die Halberstädter Bischöfe mit den Saliern verwickelt waren.

Das Kloster St. Peter und Paul wurde auf Veranlassung Bischofs Burchard II. in der zweiten Hälfte des 11. Jahrhunderts reformiert und mit Mönchen aus Cluny besetzt. Abt war sein Neffe Herrand aus dem Kloster Gorze bei Metz. Er begründete die bald berühmte Ilsenburger Klosterbibliothek mit einer weithin anerkannten Schreibschule. Als Zentrum der antikaiserlichen Reformbewegung gewann Ilsenburg großen Einfluß.

Herrand erbaute 1078–1087 nach dem Vorbild von Cluny eine Kirche, die zu den größten im Reich gehörte. Noch vor St. Peter und Paul in Hirsau entstand hier eine flachgedeckte, kreuzförmige Basilika mit dreischiffigem Chor ohne Krypta.

„Innere Ansicht der Klosterkirche zu Ilsenburg". Idealisierte Darstellung aus der Mitte des 19. Jahrhunderts.

Anschrift
Klosterkirche
Marktplatz 1
38871 Ilsenburg

Öffnungszeiten
Mai–Okt.:
tägl. 10.00–16.00 Uhr
Nov.–April:
Mo–Fr 13.00–14.00 Uhr,
Sa/So/Feiertag
11.00–12.00 Uhr

Eintrittspreise
Erw. 1,– EUR,
erm. 0,50 EUR,
Harzgastkarte 0,80 EUR

Führungen
nach Voranmeldung
bis 20 Pers. 36,– EUR,
21–30 Pers. 52,– EUR,
31–40 Pers. 62,– EUR

Ansprechpartner für Führungen:
Frau Kielmann
Touristinformation Ilsenburg
Marktplatz 1
38871 Ilsenburg
Tel.: (039452) 1 94 33
Fax: (039452) 9 90 67

Übernachtung
Touristinformation Ilsenburg
Marktplatz 1
38871 Ilsenburg
www.ilsenburg.de

Angebote
Eisengießerei,
Hüttenmuseum,
Grenzmuseum,
Stadtführungen,
geführte Wandergruppen,
Märchenführung,
historischer Gewölbekeller,
Halle f. Sport- und
Großveranstaltungen,
Busbegleitung,
Kutschfahrten,
Mountainbiketouren

Anreise mit PKW
Abfahrt Autobahn Harzburg,
Richt. B 6; Abfahrt Autobahn
Halle, Richtung B 6

Anreise mit ÖPNV
Bahn: Haltepunkt f. RB u.
RE; Bus nach Bad Harzburg,
Wernigerode, Osterwieck

Parkplätze
10 Parkplätze für PKW,
2 für Busse, weitere
Parkplätze ca. 1,5 km
entfernt

Verkaufsangebot im Bauwerk
Klosterführer, Fotos, Karten

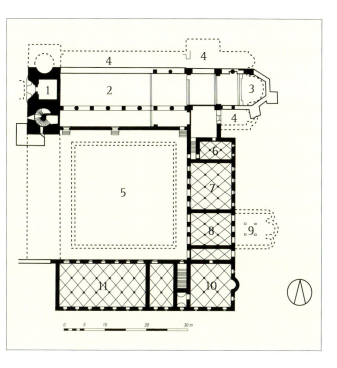

1 Westbau, ehemals zweitürmig
2 Basilikales Langhaus mit Resten des romanischen Schmuckfußbodens
3 Chor mit barockem Hochaltar
4 Abgebrochene Teile der romanischen Kirche
5 Kreuzhof mit ehemaligem Kreuzgang
6 Sakristei
7 Gewölberaum (Kapitelsaal?)
8 Gewölberaum (Kapitelsaal?)
9 ehemalige Marienkapelle, darüber Bibliothek
10 Calefaktorium (Wärmestube)
11 Refektorium (Speisesaal)

Nach der Reformation gelangte das Kloster in den Besitz der Grafen von Stolberg-Wernigerode. Sie ließen das Kloster zu Wohnzwecken umbauen und nutzten die verkleinerte und mit einer barocken Ausstattung versehene Kirche als Schloßkirche. Das ehemalige Wirtschaftsgebäude des Klosters wurde 1862 zu einem neoromanischen Schloß ausgebaut (heute Hotel).
Von der romanischen Klausur blieben der Ost- und der Südflügel erhalten. In den gewölbten Räumen bewahrte sich auch ein Teil des ursprünglichen Bauschmucks. So weisen einige der Säulen und Kapitelle im ehemaligen Refektorium auf Königslutter Einfluß.

Als besondere Kostbarkeit haben sich in Ilsenburg Teile des romanischen Fußbodens erhalten, die bei Restaurierungsarbeiten 1932–34 freigelegt wurden. Im Mittelschiff und zwischen den Stützen liegen die Reste eines Gipsestrichs mit einer sehr lebendigen Ritzzeichnung, die durch rote und schwarze Farbpasten hervorgehoben wird.

99

Drübeck

Ehem. Benediktinerinnenklosterkirche St. Vitus

Der Westquerbau in der typischen Manier der niedersächsischen Querriegel entstand wohl in zwei Bauphasen: um 1100 der blockhafte, kaum aufgelöste Unterbau; bis 1200 der dreiteilige Aufbau mit den beiden oktogonalen Türmen und dem breiten Zwischenbau aus fugendichtem Quaderstein sowie die Gestaltung der Fenster als Biforien bzw. Triforien. Bei den Restaurierungen 1953–1956 und 1992 sind auch die Gliederungselemente wieder herausgearbeitet worden.

In unmittelbarer Nähe von Ilsenburg befindet sich – etwas im Verborgenen – die Klosterkirche Drübeck, gelegen an der alten Handelsstraße, die von Wernigerode nach Goslar führte.

Über die Gründungsgeschichte des Benediktinerinnenklosters geben die Quellen keine eindeutige Auskunft. Thietmar von Merseburg erwähnte eine „civitas"; enge Beziehungen bestanden zu Gandersheim und Quedlinburg. Bischof Reinhard von Halberstadt reformierte im 12. Jahrhundert das Kloster und führte es zur wirtschaftlichen Blüte. Die Nonnen von Königslutter kamen nach Drübeck, als Königslutter in ein Männerkloster umgewandelt wurde. Bald nahm man auch Bürgerstöchter in den Konvent auf. Die Grafen von Stolberg-Wernigerode setzten 1545 die Reformation durch und wandelten das Kloster in ein evangelisches Damenstift um, das bis 1945 bestehen blieb.

Nach den im Bauernkrieg und im Dreißigjährigen Krieg davongetragenen Schäden ist von der Kirche, die Heinrich II. in einer Urkunde 1004 erwähnte, eine etwas verstümmelte Basilika erhalten.

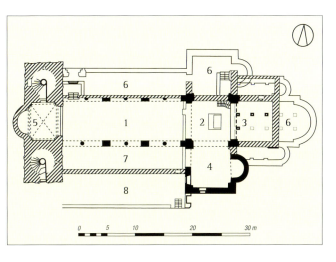

1. Mittelschiff des ottonischen Baus
2. Vierung
3. Chor mit nach-gotischem Ostschluß und spätgotischem Flügelaltar, darunter Krypta
4. Südliches Querhaus
5. Romanischer Westbau
6. Abgebrochene Teile: Choranlage, nördliches Querhaus und Nordseitenschiff
7. Wieder aufgebautes Südseitenschiff
8. Ehemaliger Kreuzgang

Aus dieser Zeit stammen Vierung, südlicher Querhausarm mit Apsis, quadratischer Ostchor mit nördlichem Nebenraum und Hallenkrypta. Das aus drei Jochen bestehende Langhaus weist rheinischen Stützenwechsel mit Entlastungsbögen auf.
Der ehemalige Klosterbezirk ist sehr malerisch durch eine Mauer vom Dorf abgetrennt.

Anschrift
Evang. Zentrum Kloster Drübeck der Kirchenprovinz Sachsen
Klostergarten 6
38871 Drübeck

Öffnungszeiten der Klosterkirche
täglich 6.30–19.00 Uhr
Tel.: (039452) 9 43 01 (Verwaltung)
Fax: (039452) 9 43 45
Tel.: (039452) 9 43 30 (Rezeption)
Fax: (039452) 9 43 31
e-mail: reservierung@kloster-druebeck.de
täglich (außer So) 18.00 Uhr Abendandacht

Eintrittspreise
Erwachsene 2,50 EUR, erm. 1,50 EUR (Schüler, Studenten, Rentner)
Kinder bis 6 Jahre frei

Führungen
täglich 11.00–16.00 Uhr und nach Vereinbarung

Ansprechpartner für Führungen
Ev. Zentrum Kloster Drübeck
Frau Schmidt
Klostergarten 6
38871 Drübeck

Spezialführungen
im Rahmen von Projektwochen o. Religionsunterricht, Voranmeldung erforderlich

Unser Tip
Übernachtung im Kloster Drübeck und von dort die Umgebung erforschen

Angebote
Stadtführungen in Wernigerode und Ilsenburg, Fürst-Stolberg-Hütte Ilsenburg, Schauberwerk

Elbingerode, Fahrt mit der Harzer Schmalspurbahn zum Brocken

Anreise mit PKW
der Beschilderung „Straße der Romanik" folgen

Anreise mit ÖPNV
mit der Bahn bis Ilsenburg o. Wernigerode o. Darlingerode, dann mit dem Bus bis Drübeck

Parkplätze
51 Parkplätze nur für PKW, im Klostergelände keine Park- und Wendemöglichkeit für Busse, begrenzte Anzahl von Parkplätzen in Ortslage Drübeck verfügbar

Informationsmaterial
Broschüre
www.kloster-druebeck.de

Toiletten
im Klostergelände

101

Blankenburg
Ehem. Zisterzienserkloster Michaelstein

Im Unterschied zu anderen ehemaligen Klosteranlagen überdauerte von dem ehemaligen Zisterzienserkloster nicht die Kirche die Zeitläufte – sie wurde im Bauernkrieg weitestgehend zerstört –, sondern es blieben die Klausurgebäude erhalten.

Die Quedlinburger Äbtissin Beatrix II. gründete 1147 in der Nähe des Volkmarskellers, einer wohl schon in frühgeschichtlicher Zeit als Kultort genutzten Höhle, ein Nonnenkloster, das jedoch bald verlegt und mit Zisterziensern aus dem niederrheinischen Altenkamp besetzt wurde.

Von der romanischen Klausur aus der Zeit um 1170 haben sich vor allem die zumeist gewölbten Erdgeschoßräume erhalten. Besonders Kapitelsaal und Refektorium vermitteln heute noch einen guten Eindruck ihrer ursprünglichen Erscheinung. Besonders reizvoll ist der Innenhof. Er wird von den romanischen Ost- und Südflügeln der Klausur, dem 1718 erneuerten Westflügel und den frühgotischen Kreuzgängen umschlossen.

Im Kloster Michaelstein herrscht noch heute reges Leben. Es ist Sitz des Institutes für Aufführungspraxis der Musik des 18. Jahrhunderts mit einem Musikinstrumentenmuseum.

Neben regelmäßigen Konzerten zieht der liebevoll gepflegte Klostergarten die Besucher an. Anhand historischer Vorbilder wurde er nach dem mönchischem Prinzip der Nützlichkeit und unter Berücksichtigung des mittelalterlichen Pflanzenverständnisses angelegt.

Anschrift
Stiftung Kloster Michaelstein
Institut für
Aufführungspraxis
Michaelstein 3
38889 Blankenburg
Tel.: (03944) 3 03 00
Fax: (03944) 90 30 30
www.kloster-michaelstein.de
E-mail: rezeption@kloster-michaelstein.de

Öffnungszeiten
Mai–September
Di–So u. Feiertag
10.00–18.00 Uhr,
letzter Einlass 17.30 Uhr
Oktober–April
Mi–Sa 14.00–17.00 Uhr,
So u. Feiertag
10.00–17.00 Uhr
Am 1. Januar sowie am 24.,
25. und 31. Dezember
geschlossen

Eintrittspreise
Sommer: Erw. 3,60 EUR
erm. 2,10 EUR (Kinder
ab 6 Jahre, Schüler,
Studenten, Senioren,
Schwerbehinderte, Azubis,
Zivildienstleistende,
Wehrpflichtige, Arbeitslose)
Familien ab 2 Erw./ 1 Kind:
8,20 EUR
Gruppen ab 10 Personen:
Erw. 3,10 EUR/
erm. 1,60 EUR
Schulklassen/Person:
1,00 EUR

Gastronomie
In der Klosteranlage

Angebote
Konzerte und
Veranstaltungen,
Sonderausstellungen,
Museum mit historischen
Gebäuden, Musikinstrumentensammlung,
Klostergärten,
Bibliothek

Anreise mit PKW
über B 6, B 27, B 81

Anreise mit ÖPNV
Bahn bis Blankenburg Hbf.,
dann Stadtlinie „B" oder
Linie „253" in Richtung
Wernigerode über OT-Oesig,
Haltestelle Waldmühle

Parkplätze
60 Parkplätze für PKW,
4 für Busse

Verkaufsangebot im Bauwerk
CDs, eigene Publikationen,
Ansichtskarten, Produkte aus
dem Kräutergarten

Toiletten
WC im Museumsbereich

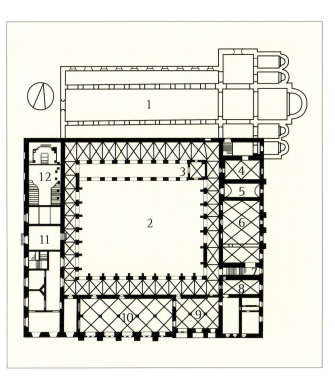

1 Ehemalige Klosterkirche (abgebrochen)
2 Kreuzhof mit frühgotischem Kreuzgang
3 Brunnenkapelle
4 Sakristei
5 Vermutlich Armarium (Bibliothek)
6 Kapitelsaal
7 Treppe zum Dormitorium (Schlafsaal)
8 Durchgangsgewölbe
9 Calefaktorium (Wärmestube)
10 Refektorium (Speisesaal)
11 Barocker Westflügel
12 Ehemalige Hofkirche

Der Kapitelsaal dient als Konzertsaal. Seine Kreuzgratgewölbe werden von zwei Säulen getragen, deren um 1170 entstandenen Kapitelle eine Ornamentik nach Königslutter Vorbild zeigen.

Quedlinburg

Schloßberg Quedlinburg

Weithin berühmt ist die Sage, daß die deutsche Königskrone 919 am Finkenherd in Quedlinburg Heinrich dem Vogeler überreicht wurde. Auch wenn sich die Gelehrten über den genauen Ort des Geschehens uneins sind, so gilt doch Quedlinburg deswegen als „Wiege des deutschen Reiches".

Mit der Entscheidung des fränkischen Königs Konrad, den Liudolfinger Heinrich zu seinem Nachfolger zu bestimmen, verlagerte sich der Schwerpunkt der Reichspolitik von Süddeutschland nach Sachsen – in den Raum zwischen Saale, Mittelelbe und Harz. In diesem Gebiet entstanden zahlreiche neue Burgen, Pfalzen, Klöster und Kirchen, die zu Stützen der Reichsgewalt wurden.

Heinrich I. ließ oberhalb von Quedlinburg eine Burg errichten, in deren Schutz sich die Stadt entwickelte. Unter den Ottonen (919–1024) blieb Quedlinburg eine der wichtigsten Pfalzen des Reiches. Heinrichs Sohn Otto I. bevorzugte zwar Magdeburg, gründete aber mit seiner Mutter Mathilde auf dem Burgberg in Quedlinburg ein freiweltliches Damenstift, dem er Immunität verlieh und das bereits 994 das Markt-, Münz- und Zollrecht in den südlichen Gauen des Bistums Halberstadt erhielt. Das Stift bewahrte auch in späteren Zeiten seine exklusive Stellung und blieb bis 1803 ein reichsunmittelbares kaiserliches freiweltliches Damenstift.

Heute verbinden sich Schloßberg und Altstadt zu einem großartigen städtebaulichen Ensemble, das 1995 mit der Aufnahme in die UNESCO-Liste für Weltkulturerbe eine besondere Würdigung erfuhr, die gleichzeitig eine große Verpflichtung darstellt.

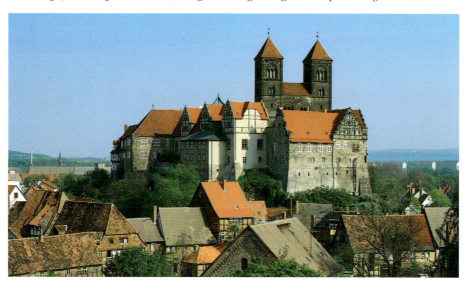

Quedlinburg

Evangelische Stiftskirche St. Servatius

Der Schloßberg von Quedlinburg war bereits in frühgeschichtlicher Zeit besiedelt. Die ältesten nachgewiesenen Befestigungsreste reichen in die Bronzezeit zurück. In der Völkerwanderungszeit bestand eine Herrenburg. Der Burgenforscher Hermann Wäscher wies ein um 500 entstandenes Langhaus aus Steinerde nach, dessen Wände um 900 durch Holzmauern ersetzt wurden. Durch die Pfalz Heinrichs I. und die Gründung des Reichsstiftes veränderte sich dann der Burgberg völlig.
Erstes Gotteshaus war die Pfalzkapelle St. Wigbert und St. Jacobus, eine kleine dreischiffige Kirche mit schmalen Seitenschiffen. In ihr wurde Heinrich I. 936 vor dem Hauptaltar beigesetzt.
Seine Gattin Mathilde begann mit dem Neubau, ließ 961 die Gebeine des neuen Schutzheiligen St. Servatius von Maastricht nach Quedlinburg überführen und wurde 968 neben ihrem Gemahl in einem monumentalen Steinsarg bestattet. Unter der bedeutenden Äbtissin und Reichsverweserin Mathilde, ihrer Enkelin, konnte der Neubau vollendet werden (Weihe 997). Dieser hatte schon die Maße des heutigen Baues. Nachdem er 1070 einer Brandkatastrophe zum Opfer gefallen war, erfolgte wiederum ein Neubau und die heutige Kirche entstand (Schlußweihe 1129): eine flachgedeckte kreuzförmige Basilika mit kurzem Querhaus und ausgeschiedener Vierung, neun Arkaden mit sächsischem Stützenwechsel und reichem Kapitellschmuck.

In St. Servatius finden wir eine herausragende Bauornamentik, die von oberitalienischen Einflüssen geprägt ist. Die Nebenapsiden des Querhauses sind besonders reich mit Relieffriesen geschmückt und verraten ihre nahe Verwandtschaft mit den Apsisfenstern von S. Abbondio in Como.

Gewölbemalerei in der Krypta

Beim Neubau der Kirche von 1071 bis 1129 wurden die beiden östlichen (jetzt westlichen) Joche der Krypta von 1021 übernommen. Die Säulen des älteren Teils stehen auf attischen Basen und tragen Pilzkapitelle. Zu der Krypta gehören auch die zweijochigen Nebenräume mit Apsis unter den Querhausarmen.

Anschrift
Stiftskirche St. Servatius
Schloßberg
06484 Quedlinburg

Öffnungszeiten
Mai–Okt.:
Di–Fr 10.00–18.00 Uhr,
Sa 10.00–16.00 Uhr,
So u. Feiertag
12.00–18.00 Uhr
Nov.–April:
Di–Sa 10.00–16.00 Uhr,
So u. Feiertag
12.00–16.00 Uhr,
letzter Einlaß eine halbe Stunde vor Schließung

Eintrittspreise
Erw. 3,– EUR, erm. 2,– EUR

Führungen
Di–Sa: 11.00, 13.00 u. 15.00 Uhr, So u. Feiertag: 12.00 Uhr, zusätzliche Führungen für angemeldete Gruppen und nach Bedarf

Ansprechpartner für Führungen
Diakon Werner Bley
Schloßberg 9
06484 Quedlinburg
Tel.: (03946) 70 99 00

Spezialführungen
spezielle Führungen nach Voranmeldung möglich für: Kinder, Jugendliche, Gäste mit Spezialkenntnissen, Behindertengruppen, englischsprachige Gruppen (mit Preisaufschlag)

Übernachtung
Romantikhotel
„THEOPHANO",
Tel.: (03946) 9 63 00
Romantikhotel „Am Brühl",
Tel.: (03946) 39 51

Gastronomie
„Schloßkrug"
Am Schloßberg 1
(ca. 50 m entfernt);
nach Voranmeldung

Ritteressen im Hotel „Schloßmühle" (dazu spielt die Theatergruppe „Burgvolk" Ritterspiele)

Unser Tip
Übernachtung im Schreckenturm, Besuch des Münzberges in Quedlinburg

Angebote
Wedderslebener Papiermühlen, Kaiserfrühling in Quedlinburg, Thalenser Bergtheater, Harzer Schmalspurbahn

Parkplätze
80 Parkplätze für PKW,
10 für Busse
(Gebühren 2,50 EUR/Tag)

Verkaufsangebot im Bauwerk
Bücher, Kataloge, Postkarten

Toiletten
3 WCs im Bauwerk

1 Ottonischer Westteil der Krypta
2 Ottonische Confessio (ehemalige Grab- und Reliquienkammer)
3 Romanische Krypta mit Deckenmalerei des 12. Jahrhunderts
4 Ottonische Unterkapelle St. Nicolai in vinculis
5 Romanisches Langhaus mit sächsischem Stützenwechsel
6 Vorraum, darüber Empore der Stiftsdamen
7 Moderner Altar mit spätgotischem Kruzifix
8 Nordquerhaus, über der Krypta Zitter (Schatzkammer)
9 Südquerhaus, über der Krypta moderne Kammer für den Stiftsschatz

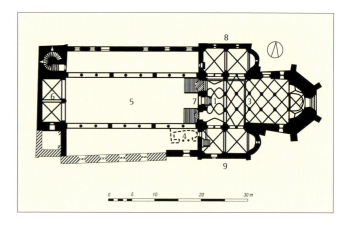

56 wertvolle mittelalterliche Kunstwerke aus Gold und Silber, Elfenbein und Bergkristall bilden zusammen mit Prachthandschriften und Bilderteppichen einen der ehrwürdigsten Kirchenschätze Deutschlands. Ein Teil davon stammt aus dem Besitz sächsischer Könige und Kaiser und aus dem Brautschatz der byzantinischen Prinzessin Theophanu.
Im 20. Jahrhundert hatte der Schatz ein bewegtes Schicksal: 1945 wurden mehrere Stücke von einem amerikanischen Soldaten nach Texas gebracht, von wo sie erst 1992 ihre Rückkehr an den Herkunftsort antreten konnten.

Um 1320 wurde der Chor über der romanischen Krypta neu errichtet, 1571 erfolgte die Erneuerung der Südwand des Querhauses, 1708 die der Südwand des Langhauses.
Das 19. Jahrhundert brachte besonders von 1863 bis 1882 umfassende Restaurierungen. Dabei entstanden die beiden Türme und ein Giebel am Westflügel des Schlosses neu und verstärken seither die Wirkung des Stiftsberges über der Fachwerkstadt. Im Inneren wurde der gesamte Werkstein gereinigt; als Ergänzungen kamen eine neue Kryptenfront und die Kanzel hinzu, beide ebenso einheitlich steinsichtig, wie sich nun der ganze Raum präsentierte.
Einschneidende Eingriffe erfolgten 1936–1939. Damals wurde der romanische Chor innerhalb der gotischen Umfassungswände „rekonstruiert", damit die Kirche als wirkungsvolle nationalsozialistische Weihestätte genutzt werden konnte. Anläßlich der Wiederweihe der Kirche 1945 erhielt sie einige Inventarstücke (spätgotisches Kruzifix, dreiteiliges Retabel) zurück. Wenig später begann eine sich bis in unsere Tage erstreckende Instandsetzung.

36 Quedlinburg
Ehem. Stiftskirche St. Wiperti

Um Platz für das freiweltliche Damenstift zu bekommen, wurde das Kanonikerstift St. Wigpertus und St. Jacobus 936 vom Burgberg in das Tal zum dortigen ersten ottonischen Königshof verlegt. Um 1020 baute man in eine kreuzförmige Basilika eine Krypta ein. Sie ist acht Meter lang und sechs Meter breit und als dreischiffige Halle angelegt. Die Seitenschiffe mit Nischen laufen ähnlich wie bei St. Godehard in Hildesheim um das in einer Apsis endende Mittelschiff. Das Tonnengewölbe lastet auf einem mehrgliedrigen Architrav.

Die dreischiffige Umgangskrypta St. Wiperti hat alle Umbauphasen der Kirche überstanden. Wegen ihres urtümlichen Aussehens und den als Baumaterialien verwendeten älteren Grabsteinen war ihr Alter lange Zeit umstritten.

Anschrift
Wipertikirche
Wipertistraße
06484 Quedlinburg

Öffnungszeiten
Mai–Okt.:
Mo–Sa 10.00–17.00 Uhr,
So 11.00–17.00 Uhr
Nov.–April:
Führungen tägl. nach telefonischer Voranmeldung
Di–Fr 9.00–12.30 Uhr
Tel.: (03946) 91 50 82

Eintrittspreise
Führungen durch Förderverein kostenlos

Führungen
während der Öffnungszeiten nur nach Voranmeldung

Ansprechpartner für Führungen
Förderverein Wiperti
Frau Teichmann
Neuendorf 4
06484 Quedlinburg
Tel.: (03946) 91 50 82
Fax: (03946) 91 50 16

Übernachtung
Hotel „Zum Schloß"
Tel.: (03946) 33 33;
Hotel „Schloßmühle"
Kaiser-Otto-Straße

Angebote
Nachtwächterführungen,
Fachwerkmuseum,
Klopstockmuseum,
Holzwurmmuseum,
Feininger-Galerie,
Domschatz

Parkplätze
10 Parkplätze für PKW vor dem Bauwerk, weitere PKW- u. alle Busparkplätze am ehemaligen Motel, ca. 4 Min. vom Bauwerk entfernt

Toiletten
2 WCs am Parkplatz (behindertengerecht)

1 Ottonische Krypta
2 Romanische Basilika
3 Westbau mit Empore und romanischem Taufstein
4 Durchgangsraum, darüber gotischer Chor
5 Sakristei
6 Südlicher Nebenraum (ehemaliges Klostergebäude)
7 Romanisches Säulenportal von der Stiftskirche auf dem Münzenberg
8 Flügelaltar von 1485
9 Vesperbild, um 1400

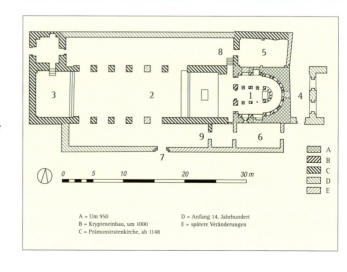

A = Um 950
B = Krypteneinbau, um 1000
C = Prämonstratenserkirche, ab 1148
D = Anfang 14. Jahrhundert
E = spätere Veränderungen

Gernrode

Evangelische Stiftskirche St. Cyriakus

Der einflußreiche und mächtige Markgraf Gero baute in der nach ihm benannten Harzrodung am Nordostrand des Gebirges eine Burg. Um 959 gründete er hier ein Kanonissenstift, das neben Quedlinburg und Gandersheim eines der vornehmsten freiweltlichen Damenstifte wurde. Erste Äbtissin war Hathui, die junge Witwe seines Sohnes. Das Stift unterstand nur Kaiser und Papst und erlebte unter den Ottonen und Saliern eine große Blüte. Noch vor der Reformation wurde es 1521 weltlich und gelangte in den Besitz der Anhaltiner, die bereits als Schutzvögte die Geschicke des Stiftes beeinflußt hatten.

St. Cyriakus ist die älteste erhaltene Kirche am Harz. Als Markgraf Gero 965 vor dem Chor beigesetzt wurde, waren die Ostteile schon fertig. Damals erfolgte wohl eine Bauunterbrechung, glaubt man doch darauf die sonst schwer deutbare Achsenverschiebung des Langhauses zurückzuführen: Der Grundriß der Kirche ist so verzogen, daß es keinen rechten Winkel gibt.

Vollendet war der Bau um 1014: eine kreuzförmige Basilika mit Stützenwechsel im Langhaus, Seitenemporen und Krypta. Sie erlangte große entwicklungsgeschichtliche Bedeutung für die Baukunst des deutschen Hochmittelalters.

Veränderungen des 12. Jahrhunderts konzentrierten sich auf den westlichen Teil. Der Westabschluß wurde verändert, ein Westchor mit Krypta angebaut. Ursprünglich war die Westfassade wohl

Die Stiftskirche St. Cyriakus in Gernrode ist eines der bedeutendsten erhaltenen Bauwerke aus ottonischer Zeit.

Rechts: Im Blick durch den Innenraum von West nach Ost offenbart sich die großartige Geschlossenheit und Ausgewogenheit der Gernröder Kirche. Der Ostchor ist erhöht. Unter ihm befindet sich eine dreischiffige Hallenkrypta, deren Gewölbe von vier Säulen getragen wird. Vor den Stufen, die auf den Chor führen, steht die Grabtumba des Markgrafen Gero. Das Langhaus ist hier in dem in Sachsen zum ersten Male auftretenden Wechsel zwischen runden und eckigen Stützen gegliedert. Darüber öffnen sich die Emporen der Seitenschiffe, in denen die Kanonissinen ihre Sitze hatten. Ergänzungen der Restaurierung des 19. Jahrhunderts unter Ferdinand von Quast stellen u.a. die Bögen dar, welche die ausgeschiedene Vierung bilden.

Anschrift
Stiftskirche St. Cyriakus
Evangelisches Pfarramt
Burgstraße 3
06507 Gernrode
Tel.: (039485) 275
Fax: (039485) 6 40 23
e-mail:
sanktcyriakus@gmx.de

Öffnungszeiten
April–Okt.:
Mo–Sa 9.00–17.00 Uhr,
Nov.–März:
auf Anfrage /Anmeldung

Eintrittspreise
1,50 EUR
Kindergruppen
0,50 EUR/Pers.

Führungen
tägl. 15.00 Uhr und nach Anmeldung
Gottesdienste täglich
9.00–12.00 Uhr

Spezialführungen
Turm- und Emporenführung, theologische Führung, Skulpturen, Thympana u. Kapitelle, meditativer Rundgang, der Löwe mit den zwei Gesichtern

Übernachtung
Cyriakusheim –
Jugendbegegnungsstätte u. Tagungshaus,
Tel.: (039484) 6 08 26
Fax: (039484) 9 50 82

Unser Tip
Besichtigung der riesigen Kuckucksuhr

Angebote
Kuckucksuhrenfabrik, Harzer Schmalspurbahn,
R 1 Radwanderweg,
Schlittenhunderennen in Friedrichsbrunn

Anreise mit PKW
über Thale, Quedlinburg, Harzgerode oder Friedrichsbrunn

Anreise mit ÖPNV
mit der Bahn bis
Quedlinburg o. Halberstadt, dann mit dem Bus

Parkplätze
10 Parkplätze für PKW, für Busse 5 Gehminuten auf dem Parkplatz Stiftskirche

Verkaufsangebot im Bauwerk
hauseigene Hefte, Buch- und Kirchenmaterial

Toiletten
WCs hinter der Kirche

glatt geschlossen und versehen mit einem Viereckturm, flankiert von den erhaltenen, nachträglich erhöhten Rundtürmen.
Unter Leitung des preußischen Konservators Ferdinand von Quast wurde die Kirche 1859–1866 restauriert. Er ließ Einbauten beseitigen, Mauerteile erneuern und z. T. größere Fenster einbrechen. Nur noch der Ostchor mit seiner sparsamen Lisenengliederung an der Rundapsis weist das ursprünglich rauhe ottonische Bruch-

1   Ostkrypta, darüber Ostchor
2   Vierung mit Tumbau für Markgraf Gero
3   Gewölberäume unter den Querhausemporen
4   dreischiffiges Langhaus, über den Seitenschiffen Emporen
5   Westkrypta, darüber Westchor mit Orgel, seitlich ottonische Treppentürme
6   Vorkammer des Heiligen Grabes
7   Grabkammer des Heiligen Grabes
8   Nordflügel des Kreuzganges

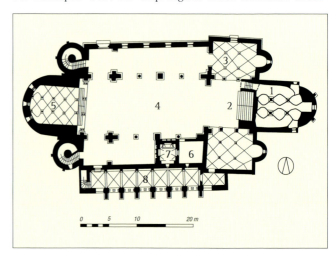

112

Bei der Restaurierung durch Ferdinand von Quast wurde mit den übrigen Decken auch jene des Mittelschiffs erneuert und mit einer ornamentalen Bemalung geschmückt.

rechts: Im Inneren des Heiligen Grabes steht dem Eingang gegenüber eine überlebensgroße Stuckfigur, deren Bedeutung bis heute unklar ist. Das Gewand verweist auf einen heiligen Bischof, wahrscheinlich ist aber auch Christus selbst dargestellt.

Der Taufstein (um 1150) stammt aus der abgebrochenen romanischen Kirche in Alsleben.

steinmauerwerk auf. Die Seitenschiffwände und die Türme erhielten Haustein-Verkleidungen. Trotzdem vollbrachte man im Verhältnis von Bewahrung des Details, behutsamer Freilegung und technisch wie funktionell notwendigen Ergänzungen eine der herausragenden Restaurierungsleistungen des 19. Jahrhunderts. Neben der Ergänzung und Weiterführung figürlicher Malerei, wie in der Ostapsis, wurde die dekorative Malerei auf die Bogenleibungen und die neuen Decken beschränkt.

Das Heilige Grab

Der Bedeutung der Stiftskirche für die Architekturgeschichte entspricht im Inneren ein Werk der Bildhauerkunst, das Heilige Grab. Im Mittelalter wurden die Berichte des Neuen Testamentes durch Passionsspiele lebendig. Dies gilt insbesondere für das Ostergeschehen mit der Darstellung der Leiden Christi bis zur Auferstehung. Das aus einem Vorraum und der Grabkammer bestehende Heilige Grab in Gernrode bildete den Rahmen für derartige sich jährlich wiederholende Darbietungen.

Der hervorragende plastische Schmuck ist trotz einiger Beschädigungen gut erhalten. Die drei Frauen stellen die Marien dar, die zum Grabe eilen und es leer finden. An der Westwand verkörpert die von den Evangelisten umrahmte Figur wahrscheinlich die Stifterin. An der Nordwand steht die Christusfigur. Charakteristisch sind die behutsamen Gebärden, die ausdrucksvoll-ruhigen Gesichter und der weiche lineare Fall der Falten in den Gewändern.

Die Datierung des Heiligen Grabes ist noch umstritten. Die architektonischen Einzelheiten weisen auf das späte 11. Jahrhundert.

Ballenstedt

Ehem. Benedektinerkloster St. Pankratius und Abandus

1938 wurde die ehemalige Klosterkirche zur nationalsozialistischen Weihestätte umgestaltet. Sie beherbergt die Gräber Albrechts des Bären, Begründer des Hauses Askanien und erster Markgraf von Brandenburg und der Lausitz, sowie seiner Gemahlin Sophie.

Die Burg Ballenstedt, 1710 als „ansehnliches Werk" beschrieben, gilt heute als Stammburg der Askanier. Sie erscheinen um 1030 mit Graf Esiko erstmals in den Quellen. Dieser war 1043 der Gründer eines Kollegiatstiftes auf dem heutigen Schloßberg, das 1123 in ein Benediktinerkloster umgewandelt wurde. Die Askanier blieben Erbschutzvögte und nutzten Ballenstedt weiterhin als Grablege. Nach der Plünderung des Klosters im Bauernkrieg entstand schließlich im 18. Jahrhundert das dreiflüglige Barockschloß. Darin einbezogen wurden Reste der Klosterkirche des 12. Jahrhunderts, einer einst wohl dreischiffigen Säulenbasilika mit Nebenchören. Dadurch bewahrten sich bis heute der mächtige Westquerriegel und Teile der fünfschiffigen Krypta.

Auch den Schloßhof dominiert das romanische Turmmassiv der ehemaligen Klosterkirche. Die Stelle des Kirchenschiffes nimmt jedoch heute der 1748 neu errichtete sogenannte Kirchflügel mit repräsentativem Mittelgiebel ein.

1 Westbau der ehemaligen Klosterkirche mit Nikolaikapelle (Askanier-Grabkapelle)
2 Ehemaliges Langhaus der Klosterkirche, später barocke Schlosskirche (Kirchenflügel)
3 Ehemalige Apsis, darunter Rest der Krypta
4 Westflügel mit ehemaligen Klosterräumen (Refektorium)
5 Barocker Südflügel mit fürstlichen Appartements

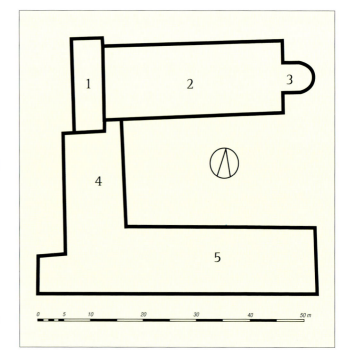

Anschrift
Schloß Ballenstedt
Schloßplatz 3
06493 Ballenstedt

Öffnungszeiten
Mai–Okt.:
Di–So 10.00–17.00 Uhr
Nov.–April:
Di–So 10.00–16.00 Uhr

Eintrittspreise
Galerie:
Erw. 1,50 EUR,
erm. 0,50 EUR
Schlossführung:
Erw. 3,50 EUR,
erm. 2,00 EUR

Führungen
auf Voranmeldung jederzeit möglich

Ansprechpartner für Führungen
Ursula Szobries
Schloßplatz 3

06493 Ballenstedt
Tel.: (039483) 8 25 56

Spezialführungen
Vampirführung nach Absprache ab 15 Personen

Ausstellungen
ständig wechselnde Ausstellungen
Übernachtung
Hotel „Großer Gasthof"
Schloßplatz 1
Tel.: (039483) 5 10

Gastronomie
„Remter" Schloßrestaurant,
Tel.: (039483) 9 75 65
Spezialität: Ritteressen

Unser Tip
Besuch der Roseburg

Angebote
Schmalspurbahn-Bahnhof Gernrode, Heimatmuseum, Freizeitpark im Hotel oder in Meisdorf, Golfplatz Meisdorf

Anreise mit PKW
über die B 185

Anreise mit ÖPNV
mit Bus und Bahn

Parkplätze
20 Parkplätze für PKW,
5 für Busse vor dem Eingang zum Schloßpark

Verkaufsangebot im Bauwerk
Ansichtskarten, Prospekte, Literatur

Toiletten
WCs im Kirchen- und Galeriebereich

Der Schloßpark, 1862 nach Entwürfen des preußischen Gartenarchitekten Peter Joseph Lenné fertiggestellt, ist auf mehreren Terrassen angelegt und lädt zu Entdeckungsgängen ein. Die Türme des querrechteckigen Westquerbaus wurden 1609 durch schlichte Zwerchhäuser ersetzt.

Stadt Falkenstein (Pansfelde)

Burg Falkenstein

Eike von Repgow und Graf Hoyer. Darstellung auf einem Glasfenster auf Burg Falkenstein (1920–1930).

Über einem der schönsten Täler des Harzes erhebt sich die Burg Falkenstein.

Die wohlerhaltene Burg Falkenstein liegt malerisch auf einem Felssporn inmitten der Vorberge des Nordharzes über dem Selketal. Sie wurde 1120–1150 von den Edelherren der Konradsburg gebaut, die sich fortan nach ihr als Grafen von Falkenstein bezeichneten.

An der Hauptangriffseite befindet sich eine 17 Meter hohe und vier Meter starke Schildmauer mit nur zwei unauffälligen Schießscharten. Die Burg konnte von einem Wehrgang nach unten verteidigt werden; die Torhalle der Burg war nur über eine Zugbrücke erreichbar. Schutz boten dazu sieben Tore und ein ausgeklügeltes System von fünf Zwingern. Der beeindruckende Bergfried ist vorn schildartig zugespitzt. Der Zugang vom Palas zum Turm erfolgte ursprünglich über eine neun Meter hohe Holzbrücke. An die Innenwand der Ringmauer lehnen sich die wohl einst nicht miteinander verbundenen Wohn- und Wirtschaftsräume. Die älteste Burgkapelle ist wahrscheinlich im Torturm über dem Eingang zu suchen; in der Nordwestecke der Burg lag der ehemalige Palas.

Schon in gotischer Zeit wurden umfangreiche Veränderungen vorgenommen – so die Verzahnung der Nebengebäude mit dem Palas und die Errichtung der gotischen Kapelle.

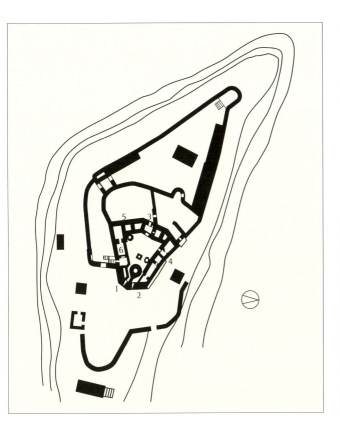

1 Schildmauer
2 Bergfried
3 Tor mit Sperriegelverschluß
4 Palas
5 Dirnitz
6 Küchenhaus

Die spätgotische Schloßkapelle erhielt ihre reizvolle Ausstattung hauptsächlich im ausgehenden 16. Jahrhundert.

Weitere Bauakzente setzten die Herren von der Asseburg besonders zwischen 1550 und 1564, so daß sich heute nach der Wanderung durch das romantische Naturschutzgebiet zum Falkenstein ein Gang durch eine Burg- und Schloßgeschichte von mehr als fünf Jahrhunderten anschließen kann.

Der umfassende Umbau der Burg zum Wohnschloß und Verwaltungssitz in der frühen Neuzeit prägt die Innenräume des Falkensteins, die heute einen Querschnitt durch die Wohnkultur des 16.–19. Jahrhunderts bieten – links der „Neue Saal" oder Rittersaal.

119

Die Entstehung des Sachsenspiegels war untrennbar mit der Burg verbunden. Hoyer II. von Falkenstein war der maßgebliche Förderer dieser umfassenden und systematisch geordneten Rechtssammlung. In niederdeutscher Sprache verfaßt, wurde dieses älteste und einflußreichste Rechtsbuch des Mittelalters von Eike von Repgow 1224 bis 1231.

Anschrift
Stiftung Schlösser, Burgen und Gärten, LSA
Museum Burg Falkenstein
06543 Pansfelde

Öffnungszeiten
April–Oktober:
Di–So 10.00–18.00 Uhr
November–März:
Di–So 10.00–16.30 Uhr

Eintrittspreise
Erwachsene/Senioren
4,00 EUR
Ermäßigung 2,50 EUR
Kinder unter 6 Jahren frei
Kinder und Jugendliche von
6 bis 16 Jahren 2,20 EUR
Familienkarte 10,00 EUR
Gruppen
Erwachsene/Senioren
3,50 EUR
Ermäßigung 2,20 EUR
Kinder und Jugendliche
1,80 EUR
Foto- und Videoerlaubnis
3,00 EUR

Führungen
Gruppen ab 10 Personen nach Anmeldung pro Person
Einführungsvortrag 5,00 EUR
Kinder, Jugendliche und Studenten 2,20 EUR

Große Führung 6,50 EUR
Kinder, Jugendliche und Studenten 4,50 EUR

Ansprechpartner für Führungen
Roland Gehlhaar
Burg Falkenstein
06543 Pansfelde
Tel.: (034743) 81 35
Fax: (034743) 6 19 42

Ausstellungen
ständig wechselnde Sonderausstellungen; Leben und Wirtschaftsleben auf der Burg, Ausstellung zum „Sachsenspiegel", funktionsf. gotische Burgküche

Gastronomie
Burggaststätte „Krummes Tor", geöffnet wie die Burg und an Ritterabenden (Ritteressen)

Unser Tip
Burgfest (Anfang Oktober)
Falkenhof mit täglichen Vorführungen in der Saisen (außer Mo)
Landschaftspark Degenershausen, Konradsburg, Roseburg

Angebote
Reiterhof Pansfelde, Schaubergwerk u. Höhlen in Rübeland, Harzer Schmalspurbahn, Golfpark Meisdorf

Anreise mit PKW
bis 2 km vor Bauwerk

Anreise mit ÖPNV
mit Bus und Bahn bis Ortslage Meisdorf, von dort ca. 4–5 km, Bus bis Gaststätte „Zum Falken"

Parkplätze
188 Parkplätze für PKW, 3 für Busse
(Parkgebühren von 1,50 EUR 8.00–17.00 Uhr), Parkplätze sind 2 km von der Burg entfernt

Verkaufsangebot im Bauwerk
Andenken und versch. Publikationen

Toiletten
WCs in einem separaten Gebäude (nicht behindertengerecht)

In einem ehemaligen Erdgeschoßraum des Palas blieb ein romanischer Kamin erhalten.

Frose

Evangelische Stiftskirche St. Cyriakus

Anschrift
Stiftskirche Frose
Pfarrer Schedler
Vor der See 402
06464 Frose

Öffnungszeiten
Mo–Fr 8.00–12.00 Uhr u.
14.00–18.00 Uhr,
Sa 9.00–17.00 Uhr,
So 10.00–16.00 Uhr
Winterhalbjahr
Mo–Fr 8.30–15.00 Uhr
Sa, So nach Vereinbarung
24.12. u. 31.12. geschlossen

Eintrittspreise
keine, Spenden erwünscht

Führungen
nach Vereinbarung

Ansprechpartner für Führungen
Pfarrer Michael Schedler
Vor der See 402
06464 Frose
Tel.: (034741) 9 12 21
Fax: (034741) 9 12 23

Die romanische Kirche wurde anstelle eines etwas größeren ottonischen Baues um 1170 errichtet. Sie beherrscht mit ihrer Doppelturmfassade noch heute wirkungsvoll das Landschaftsbild.

In Frose gründete Markgraf Gero vor 950 ein Mönchskloster, das 959/961 in ein Kanonissenstift umgewandelt wurde. Als Propstei wurde dieses dem Damenstift Gernrode unterstellt, das gleichfalls eine Stiftung Geros war. Hier lebten in der Regel zwölf Töchter aus adligen Familien in einer klosterähnlichen Gemeinschaft. Dem Stift gehörten zunächst 24 Dörfer vollständig und zahlreicher Streubesitz in den umliegenden Ortschaften. Den wirtschaftlichen Aufschwung beendete die Halberstädter Bischofsfehde. Die sich anschließenden Auseinandersetzungen führte allerdings erst 1510 die energische Äbtissin Elisabeth von Weida zum Abschluß, die einen Kompromiß aushandelte, bei dem das Stift jährlich 3000 Gulden und zwei Zenter Fisch zugesprochen bekam. Die Stifte von Frose und Gernrode übten noch zu Beginn des 16. Jahrhunderts das Patronat über 21 Kirchen aus. Der Gottesdienst wurde von Kanonikern geleitet. Seit etwa 1515 stand Thomas Müntzer den Stiftsgeistlichen vor, ebenso oblag ihm die Leitung einer dem Stift angeschlossenen Knabenschule, in der vor allem Braunschweiger Bürgersöhne unterrichtet wurden. Aus dieser Zeit sind Aufzeichnungen Müntzers zu liturgischen Texten erhalten, die für die Feier am Tag des hl. Cyriakus vonnöten waren.

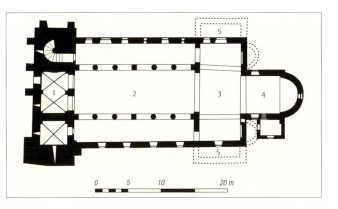

1 Westbau mit zwei Türmen, im Innern Orgelempore
2 Langhaus mit sächsischem Stützenwechsel
3 Vierung
4 Chor mit Ausstattung von 1892
5 abgebrochene Querarme und Seitenapsiden

e-mail:
kirche.frose@planet-intercom.de
oder
postmaster@frose/anhalt.de

Die ottonische Kirche von Frose blieb nicht erhalten. Der romanische Bau aus der Zeit um 1170 ist eine flachgedeckte Pfeilerbasilika ohne Krypta. Die Doppelturmfassade hat einen breiteren Unterbau als das Schiff. Der strenge blockförmige Westbau besitzt keinen Eingang. Wichtigste Auszeichnung des Innern ist die romanische Arkadengliederung mit sächsischem Stützenwechsel. Die gedrungenen, monolithischen Säulenschäfte sitzen auf hohen attischen Basen, die gequetschten Würfelkapitelle zieren Schilde mit aufgelegten Spiralbändern. Andere Würfelkapitelle sind mit feingliedrigen Palmetten geschmückt.

Nach der Säkularisierung verfiel der Bau. Die im 18. Jahrhundert teilweise verstümmelte Kirche erhielt 1892 ihre Nebenapsiden wieder. Im Vergleich zur aufwendigen Restaurierung des 19. Jahrhunderts in Gernrode fiel die damalige Erneuerung Froses bescheiden aus. So wurden weder das Querhaus noch die Obergadenfenster wiederhergestellt.

Spezialführungen
kindgerechte Führungen, Romanik aktiv

Angebote
Stadtführung Aschersleben, Reiterhof Königsaue, Schaubergwerk und Höhlen in Rübeland, Harzer Schmalspurbahn, Freizeitbad in Aschersleben, Roseburg bei Ballenstedt, Seeland, Freibad in Schadeleben (5 km), Abenteuerspielplatz Neu-Königsaue (3 km)

Anreise mit PKW
B 6, dann Landstraße bis Frose

Anreise mit ÖPNV
Bahn ca. 1 km entfernt, mit Bus nicht möglich

Parkplätze
20 Parkplätze für PKW, 3 für Busse

Toiletten
WC im Pfarrhaus

Der heute weitgehend schmucklose Innenraum wird vom Rhythmus der Bogenstellungen geprägt. Als originaler Bauschmuck sind nur noch die Kapitelle im Langhaus erhalten. Die übrige Ausstattung stammt hauptsächlich von 1892.

123

Stadt Falkenstein (Ermsleben)

Konradsburg, ehemalige Benediktinerklosterkirche St. Sixtus

Auf einem Bergsporn des hügeligen Harzvorlandes liegt in der Nähe von Ermsleben die Burg der Edelherren von Konradsburg, die sie zu Gunsten der Burg Falkenstein aufgaben. Darin errichteten sie eine dem hl. Sixtus geweihte Basilika.

Der Sage nach gründeten die Edelherren von Konradsburg auf ihrem Stammsitz 1120 als Sühne für einen Totschlag ein Kollegiatstift. Das Stift erfuhr bald eine Umwandlung in eine Benediktinerabtei. Im 15. Jahrhundert wurde das Kloster von Kartäusern neu besiedelt.

Von der ehemaligen Klosterkirche, einer großen kreuzförmigen und zumindest in den Chorteilen gewölbten Basilika, stehen heute nur noch die dreiapsidialen Ostteile der Kirche. Sie entstanden – wie die Ornamente der Kryptenkapitelle belegen – um 1210. Dazu gehört auch der durch zahlreiche Stützen unterteilte Hallenraum der Krypta. Die zum Teil gedrehten Schäfte der Säulen weisen, ebenso wie die Kapitelle, auf den stilistischen Einfluß von Königslutter hin.

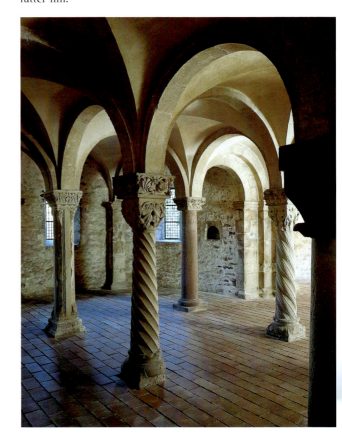

Die Kapitelle zeichnen sich durch eine außerordentliche Vielfalt der Formen aus und gehören mit ihren vollen, weichen Blattornamenten zu den bedeutenden Leistungen ihrer Zeit. Besonders beeindruckend ist ein Palmettenkapitell mit verschlungener menschlicher Gesichtsmaske.

Anschrift
Förderkreis Konradsburg e. V.
06463 Ermsleben

Öffnungszeiten
Sommer:
Mo–Fr 9.00–17.00 Uhr,
Sa/So u. Feiertag
10.00–18.00 Uhr
Winter:
Mo–Fr 9.00–16.00 Uhr,
Sa/So u. Feiertag
10.00–17.00 Uhr,
24.12. u. 31.12. geschlossen

Eintrittspreise
keine, Spenden erwünscht

Führungen
ständig nach Bedarf und
Absprache

**Ansprechpartner für
Führungen**
Information Konradsburg
06463 Ermsleben

Tel.: (034743) 9 25 65
Fax: (034743) 9 25 63

Spezialführungen
für Kinder und Jugendliche

Ausstellungen
ständig wechselnde
Ausstellungen in der Galerie

Gastronomie
Galerie-Café, geöffnet Sa/So
u. feiertags im Sommer
14.00–18.00 Uhr, im Winter
14.00–17.00 Uhr

Unser Tip
Turmwindmühle Endorf,
Alte Ziegelei Wieserode,
Forsthaus
Friedrichshohenberg

Angebote
Eseltrekking am Forsthaus
Friedrichshohenberg,
Betrieb- und

Zeitgeschichtenmuseum
Di u. Do 13.00–16.00 Uhr,
St. Sixtuskirche,
St. Andreaskirche

Anreise mit PKW
über die B 185 und der
Beschilderung folgen

Anreise mit ÖPNV
mit Bahn und Bus (ca. noch
3–4 km)

Parkplätze
15 Parkplätze für PKW

**Verkaufsangebot im
Bauwerk**
Bücher, Broschüren,
Kartenmaterial,
Ansichtskarten, Souvenirs

Toiletten
WCs direkt neben dem
Galeriecafé

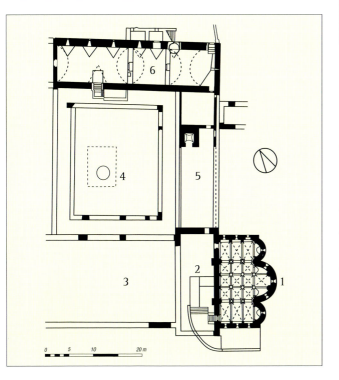

1 Krypta der
 Klosterkirche, darüber
 dreischiffiger
 Chorraum mit
 Triumphkreuz
2 Ehemaliges Querhaus
 der Klosterkirche
3 Ehemaliges
 dreischiffiges Langhaus
 der Klosterkirche
4 Kreuzhof mit
 Kreuzgang und
 Brunnenhaus
5 Ehemaliger Ostflügel
 der Klausur
6 Romanischer Keller des
 ehemaligen
 Nordflügels, später
 Pächterwohnhaus

42 Klostermansfeld

Ehemalige Benediktinerklosterkirche Mariae Himmelfahrt

Heute steht die Erinnerung an das Benediktinerkloster in Mansfeld im Schatten der berühmten Mansfelder Zisterzienserklöster Helfta und Sittichenbach. Allerdings geschieht dies zu Unrecht, denn in Klostermansfeld hat sich die romanische Klosterkirche zu großen Teilen erhalten, während die anderen Klöster der Grafschaft Mansfeld im Bauernkrieg 1525 „gepucht und geplündert" worden waren.

Das Dorf Klostermansfeld wird urkundlich 973 erstmals als Mansfeld erwähnt, das Städtchen Mansfeld wurde zunächst meist als Tal Mansfeld bezeichnet. Dies führte verschiedentlich zu Verwechslungen zwischen der Stadt Mansfeld und dem heutigen Dorf Klostermansfeld.

Als einziges Kapitell ist das westlichste der Nordseite mit Palmettenschmuck und Eckmasken in der Nachfolge Quedlinburgs und Klostergröningens versehen.

Durch die Restaurierungen ist das romanische Raumgefüge wieder erlebbar: Die fehlenden Seitenschiffe sind ergänzt, die vermauerten Arkaden zum Langhaus und zu den Seitenschiffen wieder geöffnet und der Fußboden des Langhauses abgesenkt. Der Chor hat jedoch nicht mehr seine romanische Gestalt, im 15. Jahrhundert wurde die Apsis durch einen flachen Chorschluß ersetzt. Vor dem gotischen Maßwerkfenster ist ein schöner spätgotischer Flügelaltar mit Darstellung der Marienkrönung aufgestellt.

Anschrift
Evangelische
Kirchengemeinde St. Marien
Kirchstraße 2
06308 Klostermansfeld

Öffnungszeiten
jeweils auf Anfrage im
Pfarramt

Eintrittspreise
Führungen: Erw. 1,50
EUR/Pers., erm. 0,75 EUR

Führungen
auf Anfrage

Ansprechpartner für Führungen
Pfarrer Martin Eber
Kirchstraße 2
06308 Klostermansfeld
Tel.: (034772) 2 52 50

Ausstattung
10 Bronzeleuchter und eine
Bronze-Figur (2,04 m hoch)
des Künstlers Heinrich Apel,
Magdeburg

Unser Tip
Jeden Sonntag Gottesdienst
um 10.00 Uhr, anschließend

Führung möglich,
Lutherstadt Eisleben

Anreise mit PKW
B 242, dann auf der
Landstraße

Parkplätze
10 Parkplätze für PKW,
2 für Busse ca. 50 m entf.

Informationsmaterial
Faltblatt u. Kirchenführer

Toiletten
WCs im Gemeindehaus

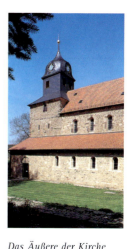

Wahrscheinlich 1042 erfolgte die Gründung des Benediktinerklosters. Als Hauskloster der Mansfelder Grafen war es 1115 Begräbnisstätte des Grafen Hoyer I. von Mansfeld, der in der Schlacht am Welfesholz fiel, erlangte aber erst im 12. Jahrhundert durch Pilgerfahrten von Markgraf Albrecht dem Bären und Graf Hoyer IV. von Mansfeld größere Bedeutung. Sie brachten Mönche aus dem heiligen Land mit, Brüder von der Kongregation vom Thale Josaphat. Mit solchen Ordensmännern soll auch Hoyer sein Kloster in Mansfeld besetzt haben. In dieser Zeit nach 1158 entstand die der Himmelfahrt Maria geweihte Klosterkirche als dreischiffige flachgedeckte Basilika mit durchlaufendem kurzen Querhaus, halbrunder Apsis und Nebenapsiden am Querhaus. Nach den Zerstörungen des Bauernkrieges wurde die Kirche vereinfacht wiederhergestellt.

Das Äußere der Kirche St. Mariae Himmelfahrt in Klostermansfeld vermittelt einen harmonischen Eindruck. Allerdings stammt der die Kirche nach Westen abschließende Turm, ursprünglich ein starker Westquerriegel mit Doppeltürmen, nur bis zur Höhe der Langhausarkaden aus romanischer Zeit, die barocke Haube ist eine Ergänzung von 1739.

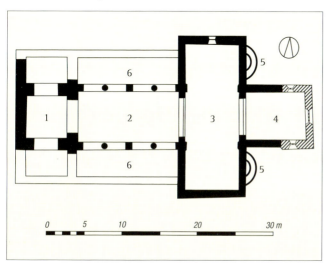

1 Westturm mit barocker Haube
2 Basilikales romanisches Langhaus
3 Querhaus
4 Chor (Erweiterung 14. Jh.) mit spätgotischem Flügelaltar
5 Abgebrochene Seitenapsiden
6 Wiederaufgebaute Seitenschiffe

43 Sangerhausen

Evangelische Pfarrkirche St. Ulrich

Der hohe achteckige Vierungsturm entstand in gotischer Zeit.

Am Nordrand der sogenannten Goldenen Aue liegt die Stadt Sangerhausen, deren Silhouette weniger durch die Türme ihrer mittelalterlichen Kirchen bestimmt wird, als von der pyramidenförmigen Abraumhalde des ehemaligen Kupferschachtes „Thomas Müntzer". Auch sind es nicht die Denkmale, denen Sangerhausen internationalen Ruhm verdankt, sondern es sind Rosen, welche die Besucher in die Stadt strömen lassen. Der Verein Deutscher Rosenfreunde gründete 1903 das Rosarium, welches sich heute als Europa-Rosarium bezeichnen darf und auf einer Fläche von 15 Hektar 6500 Rosensorten beherbergt. Doch Sangerhausen ist nicht nur zur Rosenblüte eine Reise wert.

Bereits das Hersfelder Zehntverzeichnis nennt Ende des 9. Jahrhunderts ein Dorf „Sangerhus", das Altendorf, welches vermutlich zwischen dem Bonifatiusplatz und der Gonna lag. Später wird der Name Sangerhausen, der fränkischen Ursprungs ist, auf die 991 erwähnte Fronhofsiedlung und auf eine südlich davon gelegene Marktsiedlung übertragen. Im 11. Jahrhundert berichten die Quellen, daß der Ort Besitz einer Cäcilie von Sangerhausen war. Sie heiratete den Ludowinger Ludwig den Bärtigen, wodurch Sangerhausen zu einem wichtigen Stützpunkt der Ludowinger in Thüringen wurde. Ludwigs gleichnamiger Sohn, der sagenhafte Graf Ludwig der Springer, der Erbauer der Wartburg, erbte den Besitz um Sangerhausen. In den Wirren des thüringisch-hessischen Erbfolgekrieges 1256–1263 wurde die Stadt zur Feste ausgebaut und kam schließlich 1372 an die Wettiner, in deren Händen sie bis 1815 verblieb.

1 Dreischiffiges basilikales Langhaus
2 Dreischiffiger Chor mit Apsiden, Mittelapsis mit gotischem Fenster
3 Vierung, darüber gotischer Vierungsturm
4 Im 13. Jh. angefügte Nonnenempore
5 Spätgotisches Triumphkreuz
6 Nordquerhaus mit romanischem Tympanon (Ludwig der Springer), Chorschrankenreliefs und Bronzetaufe

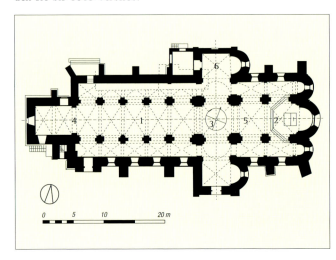

Anschrift
St. Ulrici – Gemeindehaus –
Riestedter Straße 24
06526 Sangerhausen

Ansprechpartner
Wilfried Todorowa
Postfach 10 12 09
06512 Sangerhausen
Telefon: (0178) 6 55 05 79
Fax: (03464) 57 05 37

Öffnungszeiten
Mai–Oktober
Di–Sa 10.00–12.00 und
14.00–16.00 Uhr
So 14.00–16.00 Uhr
Winter: Besichtigung auf
Anfrage im Pfarramt
möglich

Führungen
ganzjährig innerhalb der
festgelegten
Öffnungszeiten nach
Voranmeldung
spezielle Kinderführungen
mit Quiz

Unser Tip
Besteigung des
Glockenturmes

Angebote
Europa-Rosarium,
Jacobikirche,
Spengler-Museum und
Spengler-Haus,
Schaubergwerk Wettelrode

Anreise mit ÖPNV
mit Bahn, ab Bhf.
Sangerhausen
führen Hinweisschilder auf
den Fußwegen – Weg zum
Europa-Rosarium – an der
Ulrichskirche vorbei

Parkplätze
einzelne Parkplätz im
Umfeld der Kirche –
Großparkplatz ca. 500 m
entfernt

Verkaufsangebot im Bauwerk
Bücher und Broschüren

Die Bauornamentik der Sangerhäuser Ulrichskirche zieht sich locker an der Kämpferzone entlang. Flechtband, Weintrauben und Tiere bilden die Hauptmotive, die von lombardischen Vorbildern übernommen wurden. Somit überlagern sich in Sangerhausen französische und oberitalienische Einflüsse.

Ihr bedeutendstes Bauwerk verdankt die Stadt Ludwig dem Springer. Er geriet mehrfach in Gefangenschaft und soll gelobt haben, nach seiner Befreiung ein Gotteshaus zu bauen. Mit diesem Gelöbnis wird die Ulrichskirche in Verbindung gebracht, denn noch heute erinnert ein Tympanon im nördlichen Querschiffsarm mit der Inschrift „Nimm, Heiliger, das Haus, das ich dir gelobte, als ich an Fesseln gebunden war" an den Ludowinger. Da Ludwig sowohl 1073 als auch 1116 auf Burg Giebichenstein gefangen war, ist jedoch unklar, auf welche Befreiung sich das Gelöbnis bezieht, so daß auch der Baubeginn der Ulrichskirche unsicher bleibt.

Die Kirche, eine dreischiffige Pfeilerbasilika, ist stark von der französischen Architektur des 11. Jahrhunderts geprägt. So deuten die steilen Proportionen der Schiffe und vor allem der Nebenchöre auf burgundischen Einfluß – ähnlich wie bei St. Godehard in Hildesheim. Dasselbe gilt für den Umstand, daß für die Kirche von vornherein eine Wölbung in allen Schiffen vorgesehen war. Ob die jetzigen Kreuzgewölbe nach einer längeren Bauunterbrechung oder 1204 nach dem Brand entstanden, bleibt allerdings unsicher. Bemerkenswert ist die Grundrißlösung. Die Seitenschiffe laufen bis zum Chor durch, wo sie sich durch Arkadenbögen zueinander öffnen.

Ein Emporenraum wurde für die Nonnen des um 1270 bei der Kirche errichteten Zisterzienserinnenklosters das jedoch 1540 in der Reformation wieder aufgelöst wurde, eingefügt.

Im ausgehenden 19. Jahrhundert versuchte eine gründliche Restaurierung den Bau zu reromanisieren.

Der Innenraum ist durch steile Proportionen gekennzeichnet, die ebenso wie die Grundrißlösung für die romanische Architektur Mitteldeutschlands ohne Parallele und nur in Bezug zu französischen Kirchenbauten erklärbar sind.

44

Tilleda
Kaiserpfalz

Spätestens seit den 1930er Jahren, als auf dem Pfingstberg, einem Bergsporn südlich über dem Ort am Fusse des Kyffhäusers, unter Paul Grimm erste Ausgrabungen erfolgten, rückte die Kaiserpfalz Tilleda in das öffentliche Interesse.

Ähnlich wie die Pfalz Allstedt bereits in karolingischer Zeit vorhanden, wird sie in einer Urkunde 972 erstmals genannt. Kaiser Otto II. schenkte seiner byzantinischen Gemahlin Theophanu die Königshöfe Nordhausen und Tilleda. Beide wurden bis zum 12. Jahrhundert zu häufig besuchten und beurkundeten Pfalzen Sachsens. So weilte Kaiser Friedrich Barbarossa vor dem Aufbruch zum fünften Italienzug hier. Der Sage nach soll er zudem in dem nahen Kyffhäuser „wallen", um dereinst zurückzukehren. In Tilleda erfolgte auch 1194 die Versöhnung seines Sohnes, Heinrichs VI., mit dem aus England zurückgekehrten Welfen Heinrich dem Löwen.

Nach 1200 wurde die Pfalz allmählich verlassen und ihr Baumaterial in dem an der Kaiserstraße zu den benachbarten Pfalzen Allstedt und Wallhausen gelegenen Dorf Tilleda verwendet. Da keine weiteren Überbauungen erfolgten, konnte die Pfalz mit den Wirtschaftshöfen in ihren Grundzügen mit jeweils ummauerter Vorburg und Hauptburg ergraben und dem Besucher erschlossen werden.

Die Pfalz wird an drei Seiten geschützt durch hintereinander verlaufende Wälle und Gräben. Ein Kammertor aus dem 12. Jahrhundert ist bis zu einer Höhe von 1,6 m erhalten. Zu den freigelegten Gebäudegrundrissen gehören die Fundamente eines

1 Vorburg – Gelände
2 Gelände der Hauptburg
3 Hauptwall zwischen Vor- und Hauptburg
4 Tor zur Hauptburg (im 12. Jahrhundert durch massives Kammertor in der Mitte des Hauptwalls ersetzt)
5 Kapelle
6 Quadratbau (Wohnturm?)
7 Wohngebäude (Palasbau?)
8 Steinfundamenthäuser
9 Versammlungssaal
10 hölzernes Pfostenhaus
11 Steinfundamenthaus

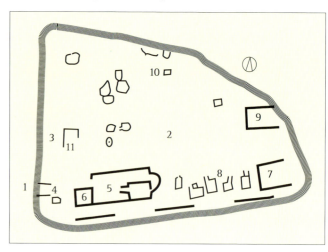

Anschrift
Freilichtmuseum Königspfalz
Tilleda
Schulstraße 4
06537 Tilleda
Tel.: (03 46 51) 29 23
www.tilleda.ottonenzeit.de

Öffnungszeiten
April–Okt.: tägl.
10.00–18.00 Uhr
Nov.–März: tägl.
10.00–16.00 Uhr
Eintrittspreise
Erw. 2,50 EUR,
erm. 1,50 EUR

Führungen
Ohne zusätzliche Kosten,
Dauer etwa eine Stunde,
Anmeldung erwünscht

Ansprechpartner für Anmeldungen
Freilichtmuseum Königspfalz
Tilleda s. o.

Spezialführungen
Kinderführungen, Geschichte
zum Anfassen, auch bei
Projekttagen, ausführliches
museumspädagogisches
Programm siehe Homepage
Gastronomie
Pfalzcafé (Apr.–Okt. Di–So
ab 11.00 Uhr geöffnet)

Unser Tip
Das größte Ritterlager
Mitteldeutschlands im Juli
und viele weitere
Veranstaltungen (aktuelles
Programm auf der
Homepage)

Angebote
Kyffhäuserdenkmal,
Fachwerkstadt Stolberg mit
Schloß und Erlebnisbad
Tyragrotte, Höhle Heimkehle
in Uftrungen,
Barbarossahöhle bei
Rottleben

Anreise mit PKW
B 80 bis Sangerhausen über
Riethnordhausen oder B 85
bis Kelbra sowie B 86 bis
Edersleben und weiter auf
der Landstraße nach Tilleda

Anreise mit ÖPNV
Bahn bis Sangerhausen bzw.
Berga-Kelbra, dann weiter
mit dem Bus (Mo-Fr)

Parkplätze
20 Parkplätze für PKW,
2 für Busse (Apr.–Okt.)
1 EUR Gebühr)

Verkaufsangebot im Museum
Infomaterial, Publikationen
zu historischen und
touristischen Themen,
Museumsrepliken, Andenken

Toiletten
ein WC auf dem
Pfalzgelände
ein WC am Parkplatz

quadratischen Turmes und eines Hallenhauses, Teile eines Wohn- und Wirtschaftsgebäudes mit einer Heizkanalanlage, die Grundmauern eines zehn Meter breiten und 25 Meter langen Gebäudes sowie in der Nähe des Tores Grubenhäuser, die wahrscheinlich als Wachhäuser dienten. Nachweisbar ist auch die Kapelle, ein Rechtecksaal aus der Zeit um 1000–1050, der wie die Friedhofskapelle Bebertal die Urform einer Dorfkirche verkörpert.

Das Freilichtmuseum Pfalz Tilleda vermittelt einen Einblick in das Wirtschaftsgefüge eines Königshofes, der den König oder Kaiser mit seinem Gefolge über einen längeren Zeitraum beherbergen und auch versorgen mußte. Von besonderer Bedeutung ist der Nachweis eines Grubenspeichers, einer Eisenverarbeitungsstelle und zweier Tuchmachereien. Einige rekonstruierte Gebäude veranschaulichen heute die archäologischen Befunde.

Allstedt

Burg

König Karl, später der Große genannt, schenkte 777 dem Kloster Hersfeld die Kirchen zu Allstedt, Riestedt und Osterhausen. Das Hersfelder Zehntverzeichnis, entstanden 840/899, nennt die Burg hoch über der Stadt „Alstediburg". Wohl schon als karolingische Pfalz angelegt, spielte Allstedt eine herausragende Rolle während der Entstehung des frühfeudalen deutschen Staates als Urkunde- und Aufenthaltsort deutscher Könige und Kaiser. Unter Otto II. war Allstedt die meistbesuchte Pfalz in Sachsen. Bauliche Überreste der Pfalz sind allerdings kaum nachgewiesen. Die Burganlage, die sich an gleicher Stelle nordöstlich der Stadt auf einem Bergsporn erhebt, bildet hingegen noch heute einen imposanten Anblick.

Der thüringische Oberlandbaumeister Gottfried Heinrich Krohne hatte 1746 den gotischen Torturm mit seiner schönen Renaissancebekrönung geschickt in seine Umbaumaßnahmen einbezogen. Die weiterführenden Pläne Krohnes, die gesamte Burg zu einem einheitlichen Barockschloß umzugestalten, wurden jedoch nach dem Tode des baufreudigen Herzogs Ernst August von Sachsen 1748 nicht ausgeführt. Damit blieb die Kernburg – eine Dreiflügelanlage mit Schildmauer als vierter Begrenzung – mit vielen mittelalterlichen Bauteilen und interessanten Details, etwa hölzernen Kugelabfangbohlen, erhalten. Der älteste, wohl noch romanische Teil ist der im Nordosten der Kernburg gelegene Turmstumpf, dessen vergleichsweise geringe Wandstärke von ca. 1,3 m auf einen mittelalterlichen Wohnturm schließen läßt. Der kunsthistorisch herausragende Bauteil ist der Palas, der im Erdgeschoß eine große, spätgotische Küche mit riesigem Kaminschlot und anschließender Hofstube birgt. Um 1700 wurde das Obergeschoß durchgreifend verändert. Die barocken Räume mit wertvollen Stuckdecken sind liebevoll restauriert, ebenso die Schloßkapelle im Ostflügel – der Ort, wo 1524 Thomas Müntzer seine „Fürstenpredig" gehalten hat.

Die malerische Burganlage war besonders im 18. und 19. Jahrhundert ein beliebtes Bildmotiv; so zeichnete 1778 auch Johann Wolfgang Goethe das Schloß. Doch schon Lucas Cranach d. Ä. hatte 1506 die Kernburg auf seinem Katharinenaltar dargestellt (Dresden, Gemäldegalerie).

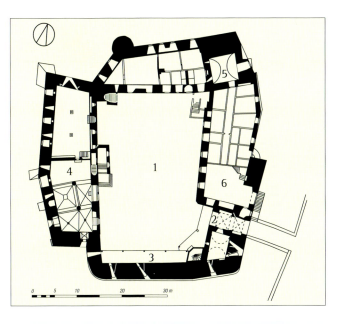

1 Hof der Kernburg
2 Torhaus mit Kapelle
3 Südliche Wehrmauer
4 Westflügel mit Küche und Hofstube
5 Älterer Turmrest
6 Ostflügel

Anschrift
Burg und Schloß Allstedt
06542 Allstedt

Öffnungszeiten
Apr.–Okt.:
Di–So u. Feiertage
10.00–17.00 Uhr
Nov.–März:
Di–Fr 10.00–16.30 Uhr,
Sa/So u. Feiertage
13.00–16.30 Uhr

Eintrittspreise
Erw. 2,50 EUR,
erm. 1,50 EUR;
Schulklassen pro Schüler
1,– EUR

Führungen
bis 15 Pers. 15,– EUR, ab 16 Pers. Führ./Eintritt 3,50 EUR, ab 20 Pers. Führ./Eintritt 3,00 EUR

Ansprechpartner für Führungen
Rainer Böge
Burg & Schloß Allstedt
06542 Allstedt
Tel.: (034652) 519
Fax: (034652) 519

Internet: www.schloss-allstedt.de
e-mail: schloss@allstedt.info

Spezialführungen
für Schulklassen und in historischen Kostümen

Ausstellungen
spätgot. Küche m. Großkamin, Hofstube; Ausstellung zu Thomas Müntzer, Goethes Besuche in Allstedt, barocke Interieur-Räume, Eisenkunstguß-Sammlung

Gastronomie
Schlosscafé
Sa, So ab 13.00 Uhr, Burgküche/Hofstube: Burgabende, Familienfeiern (bis ca. 100 Pers.), rustikale Küche, Ritterabende mit der Ritterschaft zu Bornsted (nur auf Vorbestellung)

Unser Tip
Kinderresidenz im Allstedter Schloß. Projekttage für Schulklassen.

Anreise mit PKW
B 86 Abzweig Oberröblingen,
B 80 Abzweig Riestedt,
L 180/L 250 Abzweig Querfurt
über A 38 Abfahrt Allstedt

Anreise mit ÖPNV
Bahn bis Sangerhausen o. Oberröblingen, von dort weiter mit dem Bus

Parkplätze
15 Parkplätze für PKW,
3 für Busse im Schloßbereich

Verkaufsangebot im Bauwerk
Broschüren, Medaillen von Goethe u. Müntzer,
hist. Karten, Postkarten etc.

Toiletten
WC im Museumsbereich

46 Querfurt

Burg

Rechts der sog. „Dicke Heinrich" (um 1070), links der Marterturm aus dem 12. Jahrhundert. Der „Dicke Heinrich" wurde auf einem karolingischen Burgus errichtet, der als der älteste profane Steinbau im Saale-Elbe-Gebiet gilt.

Auf der fruchtbaren Querfurter Platte erhebt sich weithin sichtbar die gewaltige Burg Querfurt, deren Grundfläche jene der Wartburg um das Siebenfache übertrifft. Die Franken ließen zum Schutz des Überganges am Quernetal die Burg errichten. Wie Ort und Burg Allstedt erwähnt das Hersfelder Zehntverzeichnis neben 17 weiteren Burgen die „urbs Curnfurdeburg" und auch die dörfliche Siedlung „Curnfurt", die sich in ottonischer Zeit zu einem Marktflecken entwickelte.

Seit dem 10. Jahrhundert war die Burg Stammsitz der Grafen von Querfurt, die zum sächsischen Adel gehörten, wahrscheinlich mit den Ottonen verwandt waren und unter diesen eine bedeutende Rolle spielten. So stand Brun II. von Querfurt ab 995 als Kaplan im Dienst Kaiser Ottos III. Brun vertrat die Idee eines romfreien Kaisertums und forderte eine verstärkte Ausweitung von Kirche und Politik auf die slawischen Gebiete östlich von Saale und Elbe. Um 1002 gründete der Missionsbischof bei der Burgkirche ein Kollegiatstift, eine Schule war angeschlossen. Er unternahm weite Missionsreisen nach Ungarn, zu den Petschenegen am Dnjepr und nach Polen. Der Apostel der Preußen fand 1009 mit 18 Begleitern bei den heidnischen Pruzzen den Märtyrertod.

Der letzte Querfurter starb 1496 auf seiner Burg Allstedt; die Burg Querfurt fiel als erledigtes Lehen an das Erzbistum Magdeburg, nach wechselvollen Geschicken an Sachsen-Weißenfels und schließlich 1815 an Preußen.

Die noch heute erhaltene Burg geht wohl auf die Zeit um 1070 zurück. Davon stammt der runde Bergfried – der sogenannte „Dicke Heinrich". Er hat einen Durchmesser von 14,5 Metern, seine Höhe beträgt noch 27,5 Meter und seine Mauern weisen eine Stärke von bis zu 4,34 m auf. Er steht auf dem Stumpf eines

Westlich über der kleinen Stadt Querfurt, in den letzten Jahren behutsam saniert, erhebt sich die Burg Querfurt. Mit ihren drei gewaltigen Türmen, zwei Ringmauern und starken Befestigungsanlagen ist sie eine der ältesten und größten Feudalburgen Deutschlands.

134

Anschrift
Landkreis Merseburg-Querfurt
Museum Burg Querfurt
06268 Querfurt

Öffnungszeiten
Di–So 9.00–17.00 Uhr

Eintrittspreise
Erw. 2,50 EUR,
Erm. 1,50 EUR
Führungen:
Erw. 3,50 EUR,
erm. 2,– EUR,
Gruppen ab 10 Pers.
2,– EUR/Pers.,
Schülergr. 1,50 EUR/Pers.

Führungen
Sa/So 10.00 u. 14.00 Uhr
wochentags nach vorheriger Vereinbarung

Ansprechpartner für Führungen
Museum Burg Querfurt
06268 Querfurt

Tel.: (034771) 5 21 90
Fax: (034771) 52 19 99

Spezialführungen
Bauernmuseum mit mittelalterl. Bauerngarten, Kräutergarten, Schulprojekte (z. B. Ottonen)

Ausstellungen
Burgenkunde, Stadtgeschichte Querfurt, Ur- und Frühgeschichte der Region, gotische Plastik, Gemäldeausstellung, Geschützausstellung, Bauernhof mit Schmiede

Gastronomie
Museumscafé,
Ritteressen auf der Burg nach Voranmeldung

Unser Tip
Pariser Turm besteigen und Aussicht genießen, Ottonenausstellung, mittelalterliches Burgfest

Angebote
Stadtführungen

Anreise mit PKW
an der B 180 von Naumburg oder Lutherstadt Eisleben

Anreise mit ÖPNV
Bahn, Buslinien

Parkplätze
250 Parkplätze für PKW,
7 für Busse (beim Burgfest mit Parkgebühr)

Informationsmaterial
div. Hefte u. Bücher

Verkaufsangebot im Bauwerk
div. Souvenirs

Toiletten
WCs am Museum

In der Barockzeit wurde die Burgkirche im Inneren zur herzoglichen Residenzkapelle umgebaut. 1716–1719 erfolgten die Ausmalung und die Stuckierung durch den italienischen Stuckateur Francesco Domenico Minetti.

wahrscheinlich ottonischen Burgus im Westen der Kernburg. Der Bau einer Ringmauer erfolgte nach 1100. Der quadratische Bergfried an der Südflanke wurde am Ende des 12. Jahrhunderts bis zu einer Höhe von 23 Metern als Wohnturm angelegt und in der ersten Hälfte des 14. Jahrhunderts um weitere zwölf Meter aufgestockt. In der Zeit um 1380 entstanden die äußere Ringmauer

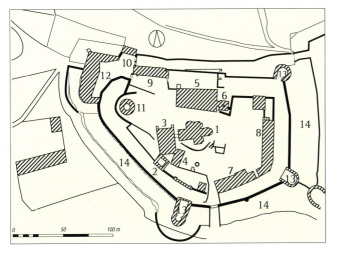

1 Burgkirche
2 Marterturm
3 Fürstenhaus
4 Brauhaus
5 Korn- und Rüsthaus
6 Pariser Turm
7 Pächterwohnhaus
8 Scheune
9 Amtshaus
10 Streichwehr „Merseburg"
11 Dicker Heinrich
12 Westtoranlage
13 Rondelle
14 Gräben

Burg Querfurt, Burgkirche von Osten, frühes 12. Jahrhundert

und der Zwinger. Der dritte, ebenfalls noch erhaltene Bergfried, der „Pariser Turm", schützte die Nordflanke und hat die stattliche Höhe von 28 Metern. Er wird geprägt durch die doppelte welsche Haube (nach 1666).

Im 15. Jahrhundert wurden die Burgmauern und Gräben verstärkt. Dabei errichtete man die wehrtechnisch besonders interessanten drei Rondelle (Batterietürme). In dem westlich der Kapelle errichteten „Fürstenhaus" sind Gewölbe des ehemaligen zweiten Burgpalas aus der 2. Hälfte des 12. Jahrhunderts eingefügt. Im 1535 unter Kardinal Albrecht von Brandenburg erbauten Korn- und Rüsthaus verbergen sich wohl die Teile des ursprünglichen Palas. Von der 1004 gegründeten Burgkapelle sind Fundamente ergraben. Der jetzige Bau wird in das frühe 12. Jahrhundert datiert. Die gedrungene romanische Kirche weist einen kreuzförmigen Ostteil mit quadratischem Chor und Haupt- und Nebenapsiden auf, über der Vierung erhebt sich ein achteckiger Turm, geschmückt mit einem auf Ecklisenen sitzenden Rundbogenfries. Das kurze Schiff ist nur wenig breiter als die Vierung. Die Westempore, auf der sich heute die Orgel befindet, öffnet sich mittels dreier Pfeilerarkaden.

Die gotische Grabkapelle der Burgkirche für Gebhardt XIV. von Querfurt wurde nach dessen Tod 1383 angefügt. In ihr steht die Tumba des Grafen. Sie ist unter böhmischem Einfluß entstanden und erinnert mit der Betonung der modischen Elemente, wie z. B. der überlangen Schnabelschuhe des Trauergefolges an den Sarkophagwänden, an die Grabmäler der Přemysliden im Prager Veitsdom.

Memleben

Ruine des Benediktinerklosters St. Marien

Mit Memleben begegnet uns eine weitere berühmte Pfalz der Ottonen. In ihren Mauern starben sowohl Heinrich I. 936 als auch 973 sein Sohn Kaiser Otto der Große.
Nach dem Tode seines Vaters stiftete Otto II. auf Veranlassung seiner Mutter Adelheid in Memleben eine Benediktinerabtei, die er besonders reich ausstattete, u. a. mit den drei Kirchen in Allstedt, Riestedt und Osterhausen sowie mit den Zehnteinkünften im Hassegau und Friesenfeld. Doch der letzte Kaiser aus dem Hause der Liudolfinger Heinrich II. zog 1015 alle Privilegien zurück und unterstellte die Abtei dem Reichskloster Hersfeld, so daß die Blütezeit nur wenige Jahrzehnte dauerte. Trotzdem entstand im ausgehenden 10. Jahrhundert in Memleben eine der größten ottonischen Kirchen: 82 Meter lang und 28 Meter breit. Selbst ihre gewaltigen Reste beeindrucken noch heute (Kaisertor, Vierungspfeiler, Langhauswand).
Im 13. Jahrhundert wurde nordöstlich der ottonischen Kirche eine Mönchskirche errichtet. Der Neubau begann mit den Ostteilen. Von dem dreischiffigen flachgedeckten Langhaus stehen noch die Arkadenwände. Die Kirche gehört in die Reihe der sächsischen Großbauten in der Übergangszeit von der Romanik zur Gotik.

Die Krypta, eine dreischiffige gewölbte Halle, ist der einzige vollständig Bauteil der malerischen Ruine.

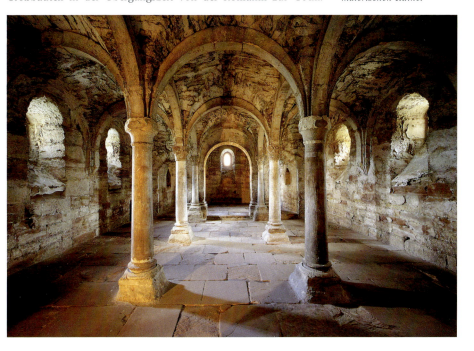

Die Klosterruine verdankt dem 19. Jahrhundert ihr Überleben. Der Verfall der Ruine wurde nicht zuletzt deshalb gestoppt, weil sich an den Pfeilern des Mittelschiffes monumentale Königsbildnisse erhalten hatten und man daher die Kirche für den Gründungsbau der ehemaligen Reichsabtei hielt. Die Sicherungsarbeiten in der Krypta ab 1803 waren die ersten denkmalpflegerischen Aktivitäten der damals noch sächsischen Landesverwaltung.

Anschrift
Klosterruine St. Marien
Thomas-Müntzer-Str. 13
06642 Memleben

Öffnungszeiten
15. März–14. Oktober:
täglich 10.00–18.00 Uhr
15. Oktober–14. März:
täglich 10.00–16.00 Uhr
(im Winterhalbjahr
Anmeldung erforderlich)

Eintrittspreise
Erw. 3,– EUR,
Kinder 1,75 EUR,
Reisegruppen ab 20
Personen Erw. 2,75 EUR,
Kinder 1,50 EUR

Führungen
innerhalb der
Öffnungszeiten, Gruppen
bitte voranmelden

Ansprechpartner für Führungen
Verein des Klosters und der
Kaiserpfalz Memleben e. V.
Volkmar-Kroll-Str. 22
06642 Memleben
Tel.: (034672) 6 02 74

Fax: (034672) 9 34 09
Mobil: (0162) 8 83 55 63
e-mail: kloster.memleben@t-online.de
www.home.t-online.de/home/kloster.memleben

Spezialführungen
Museumspädagogisches
Angebot, Angebote für
Projekttage (untere
Klassen), Angebote für obere
Klassen und Gymnasien,
Vorträge zum Kloster, zur
„Himmelsscheibe von Nebra"

Dauerausstellungen
„Memleben – Sterbeort
Kaiser Otto des Großen"
„Baugeschichte des Klosters
Memleben"

Gastronomie
„Klostercafé" (50 Plätze) –
mit Fahrradausleihe sowie
„Vinothek Saale-Unstrut (50
Plätze) – im Klosterbezirk

Unser Tip
Burgruine Wendelstein
(3 km), Modelleisenbahn
Wiehe (4 km), Wanderung

zum Fundort der
„Himmelsscheibe von Nebra"
(4 km), Besuch im
Kyffhäuser-Gestüt Memleben

Anreise mit PKW
ü. B 250 u. B 176 aus
Richtg. Naumburg/
Eckartsberga bzw. Querfurt,
mit dem Fahrrad auf dem
Unstrutradwanderweg

Anreise mit ÖPNV
Strecke 610 des PVG
Naumburg–Rossleben
(Thür.) Mo–Fr
3 x täglich, Sa und So
Rufbus nach Anmeldung PVG
BLK

Parkplätze
50 Parkplätze für PKW,
6 für Busse, 3 für
Behinderte

Verkaufsangebot im Bauwerk
Postkarten, Kunstführer,
Buch zur Ausstellung,
Souvenirs, Saale-Unstrut-Wein (Vinothek) u. a. m.

Von den dazugehörigen Klostergebäuden aus dem frühen 13. Jahrhundert blieben nördlich der Kirche Reste in jüngeren Bauten erhalten.

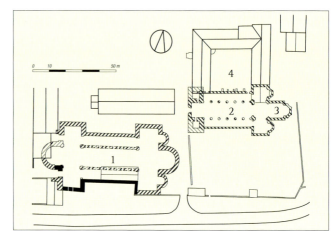

Grundriss der Gesamtanlage

1 *Ottonischer Bau: Benediktiner-Klosterkirche St. Trinitatis et Mariae*
2 *Romanischer Bau: Benediktiner-Propsteikirche Beatae Mariae Virginis*
3 *Chor, darunter die erhaltene Krypta*
4 *Ehemalige Klausur mit Kreuzgang (modern verändert)*

Eckartsberga

Eckartsburg

48

Um 998 errichtete Markgraf Ekkehard I. von Meißen die nach ihm benannte Burg, in deren Schutz sich Eckartsberga entwickelte. Der Ort wurde 1066 erstmals erwähnt und erhielt zwischen 1265 und 1292 Stadtrecht. Die Siedlung liegt in einem sich um den Burgberg erstreckenden Tal, aus dem sich die Grenzen des Städtchens ergeben.

Die Feste Eckartsburg wurde erbaut auf dem Areal einer bereits in merowingischer Zeit entstandenen befestigten Anlage, deren Wälle erhalten sind. Sie schützte den Paß der Finne an der alten Heerstraße, der „via regia", die von Frankfurt am Main nach Leipzig führte. Unter den Landgrafen von Thüringen, die im Ringen um den Besitz der Eckartsburg als Sieger hervorgingen, entstand als dritter Bau die heutige Burg. Sie nimmt nur noch ein Drittel des Geländes der befestigten Siedlung ein und besteht aus zwei Höfen, je einem Bergfried im Westen und Osten und je einem Torhaus an der Süd- und Ostseite des inneren Hofes.

Sühnekreuz vor der Eckartsburg

139

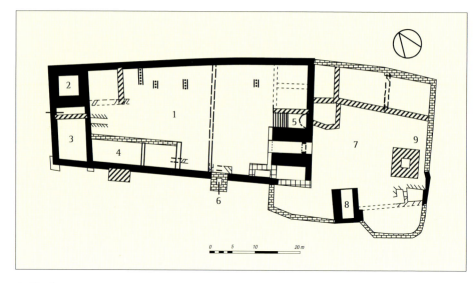

1 Kernburg
2 Wohnturm-Bergfried
3 Palas
4 gotischer Wohnbau
5 Torhaus
6 Jungfernturm
7 Vorburg
8 Tor
9 Bergfried

Spätere Jahrhunderte fügten nur geringe Ergänzungen hinzu, so daß die Eckartsburg mit ihren Mauern und Türmen noch immer das Bild einer geschlossenen romanischen Burganlage vermittelt, die den Burgen in Gatersleben, Rudelsburg, Schönburg und Wendelstein ähnelt.

Die romantische Burg zog zu allen Zeiten Besucher an. Berühmtester Gast war 1813 Johann Wolfgang von Goethe.

Noch heute thront die Ruine der Eckartsburg majestätisch über der kleinen Stadt. Vom Wachturm der Burg bietet sich ein Blick auf das ehemalige Schlachtfeld von Auerstedt. Im Bergfried erinnert daher ein Diorama an die Ereignisse der Doppelschlacht von Jena und Auerstedt im Jahre 1806.

Anschrift
Eckartsburg
Burgweg 13b
06648 Eckartsberga

Öffnungszeiten
April–Okt.:
Mo–So 11.00–18.00 Uhr
nach Bedarf auch länger
geöffnet
Nov.–März.:
Fr–Mo 11.00–18.00 Uhr,
wochentags nur nach telef.
Voranmeldung

Eintrittspreise
Erw. 1,– EUR,
erm. 0,50 EUR
Führung: 2,– EUR

Führungen
nach telef. Voranmeldung,
für Gruppen ab 15 Pers.
Ritteressen möglich

Ansprechpartner für Führungen
Heidi Moritz
Burgweg 13b
06648 Eckartsberga
Tel.: (034267) 2 04 15

Ausstellungen
Im Wohnturm befindet sich
das Diorama von der
Schlacht bei Jena und
Auerstedt (mit ca. 6 000
Zinnfiguren)

Gastronomie
Burggaststätte

Unser Tip
Blick vom Wohnturm über
den Finnehöhenzug

Angebote
Sommerrodelbahn,
Windmühle auf dem
Sachsenberg, Wanderung
über die „Finne"

Anreise mit PKW
B 87 aus Richtung
Naumburg, B 250 aus
Richtung Bad Bibra

Anreise mit ÖPNV
Bus ab Naumburg o. Apolda;
Bahn ab Bad Sulza bzw.
Sömmerda

Parkplätze
100 Parkplätze für PKW,
10 für Busse

Informationsmaterial
„Die Eckartsburg" –
ausführlicher Band zum
Bauwerk

Verkaufsangebot im Bauwerk
Postkarten, Ritterandenken

Toiletten
behindertengerechtes WC
vorhanden

Bad Kösen   49
Romanisches Haus

Malerisch von Weinbergen und Laubwäldern umgeben liegt im Saaletal der Kurort Kösen. Der salische Kaiser Heinrich III. soll 1040 das Gebiet um den heutigen Ort einem Naumburger Bischof geschenkt haben. Dieser gründete einen Wirtschaftshof, der 1138 als Grangie (Gutshof) an das Zisterzienserkloster Schulpforta überging. Mit der Auflösung des Domstiftes Naumburg 1564 fiel Kösen an Kursachsen. Zunächst war die Flößerei Haupterwerb der Einwohner, 1259 wurde Kösen Hauptfloßstation. Im 18. Jahrhundert erfolgte unter Kurfürst August dem Starken die Erschließung gewinnbringender Salzquellen durch Bergrat Johann Gottfried Borlach, der später auch als Direktor des Verbandes der kursächsischen Salinen Artern, Kösen und Dürrenberg wirkte. Die von Borlach begründete Saline stellte 1859 die Produktion ein. Die Bewohner hatten aber bereits einen neuen Broterwerb gefunden – Kösen wurde dank seiner landschaftlich reizvollen Lage und seiner schwefelhaltigen Sole Kurbad. Nicht zuletzt war dies dem Arzt Christoph Wilhelm Hufeland zu verdanken, der erkannte, daß die über das Gradierwerk tröpfelnde Sole asthmatische Beschwerden lindern kann.

Saline Bad Kösen

141

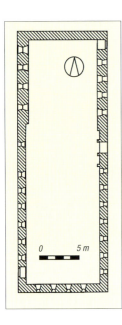

Das Romanische Haus in Bad Kösen

Anschrift
Romanisches Haus
Am Kunstgestänge
06628 Bad Kösen

Öffnungszeiten
April–Okt.: Di–Fr
10.00–12.00 Uhr u.
13.00–17.00 Uhr,
Sa/So 10.00–17.00 Uhr
Nov.–März: Mi
10.00–12.00 Uhr u.
13.00–16.00 Uhr,
Sa/So 10.00–16.00 Uhr
(15.12.–15.01. geschlossen)

Eintrittspreise
Erw. 2,– EUR,
Kinder 1,– EUR,
Rentner 1,50 EUR,
Gruppen 1,50 EUR/Pers.,
Kinder 0,75 EUR ab 10 Pers.

Führungen
bis 20 Pers. 10,– EUR, für
jede weitere Pers. 0,50 EUR,
Führungen: auf Voran-
meldung während der
Öffnungszeiten

Ansprechpartner für Führungen
Lutz Toepfer
Am Kunstgestänge
06628 Bad Kösen
Tel.: (034463) 2 76 68
Fax: (034463) 2 76 68

Spezialführungen
Stadtgeschichte in
Verbindumg mit dem
Romanischen Haus,
Salinentechnik, Käthe-Kruse-
Puppen

Ausstellungen
Stadtgeschichte Bad Kösen,
Kloster Pforta,
Salinentechnik,
Käthe-Kruse-Puppen

Angebote
Rudelsburg, Burg Saaleck,
Fahrgastschiffe, Floßfahrt,
Bismarckturm,
Stadtführungen, Verkostung
und Besichtigung im
Landesweingut Kloster
Pforta, Rad- und
Wanderwege, Naturpark
„Saale-Unstrut-Triasland"

Anreise mit PKW
A 9 Abf. Naumburg, B 87; A
4 Abf. Apolda, B 87

Anreise mit ÖPNV
Busverbindung
Naumburg–Eckartsberga;
mit der Bahn bis Bad Kösen

Parkplätze
80 Parkplätze für PKW,
4 für Busse
(Parkmöglichkeiten für PKW
u. Busse an der Saalebrücke
in Bad Kösen)

Toiletten
WC in der Naumburger
Straße, ca. 3 min Fußweg

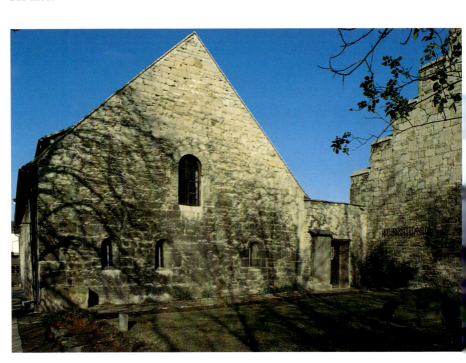

Mit dem Romanischen Haus, erbaut zwischen 1040 und 1137 besitzt Bad Kösen das älteste Wirtschaftsgebäude in Sachsen-Anhalt. Vermutlich war das eingeschossige Gebäude aus hammerrecht bearbeiteten Kalksteinquadern die Schäferei der erwähnten Grangie von Schulpforta. Auf die klösterliche Nähe verweist über der östlichen Pforte ein romanisches Tympanon mit Kreuz. Auch das bedeutendste Exponat des heutigen Museums im Romanischen Haus stammt aus jenem Zisterzienserkloster: ein spätromanischer Paramentenschrank zur Aufbewahrung der Meßgewänder.

Bad Kösen

Rudelsburg und Saaleck

Auf Bad Kösen blicken die beiden berühmtesten Saaleburgen herab. Sie entstanden an einer strategisch wichtigen Stelle über der Verengung des Saaletales.

Die Rudelsburg gehörte ursprünglich den Naumburger Bischöfen und gelangte 1238 als Lehen an die Markgrafen von Meißen. Bereits im 17. Jahrhundert war sie eine Ruine. Von der mehrfach zerstörten Burg steht die innere Kastellanlage mit dem Bergfried weit sichtbar über der Saale und beherbergt mehrere historische Gaststätten.

Die Rudelsburg, ähnlich berühmt wie die deutschen Rheinburgen, wurde zum Versammlungsort des 1848 gegründeten Zusammenschlusses der deutschen Corpsstudenten.

Anschrift
Burg Saaleck
Burgstraße 32
06628 Saaleck

Öffnungszeiten
Di–Fr 10.00–17.00 Uhr
Sa–So 10.00–18.00 Uhr

Eintrittspreise
1,– EUR, erm. 0,50 EUR

Anreise mit PKW
Bad Kösen–Bad Sulza bis Saaleck

Anreise mit ÖPNV
mit Bahn bis Bad Kösen, entweder wandern o. Motorboot, Busverkehr bis Saaleck

Anschrift
Rudelsburg
Burgstraße 33
06628 Saaleck

Öffnungszeiten
tägl. 10.00–18.00 Uhr u. auf Anmeldung (Januar bis März ist montags Ruhetag)

Eintrittspreise
Erw. 0,60 EUR,
erm. 0,30 EUR
Die „Kasse des Vertrauens" befindet sich im Aussichtsturm.

Führungen
keine, da Restaurantbetrieb

Übernachtung
Herr Pokrant
Rittergut Nr. 65
06628 Kreipitzsch
Tel.: (034466) 60 00
Fax: (034466) 6 00 50

Gastronomie
Rittermahl, reichhaltiges Angebot im Burgrestaurant
Tel./Fax: (034463) 2 73 25

Angebote
Burg Saaleck, Romanisches Haus, Saline

Anreise mit PKW
Bad Kösen–Bad Sulza bis Saaleck–Rudelsburg
Anreise mit ÖPNV
mit Bahn bis Bad Kösen, entweder wandern o. per Motorboot und Busverkehr bis Saaleck

Parkplätze
50 Parkplätze für PKW,
4 für Busse

Verkaufsangebot im Bauwerk
Burg-Chronik, div. Schriften

Toiletten
WCs in der Gaststätte

Internet
www.rudelsburg.com

Saaleck wird 1140 als Burg der Markgrafen von Meißen erwähnt. Erhalten sind nur die Reste der Oberburg mit zwei runden Türmen.

Schon im 18. Jahrhundert wurde der Stimmungswert der Saaleburgen entdeckt – die Verse des Kunsthistorikers Franz Kugler von 1826 „An der Saale hellem Strande" sind längst ein Volkslied geworden. Die Burg Saaleck und die gegenüberliegende Rudelsburg stehen in einer höchst eindrucksvollen landschaftlichen Situation. Der Ruinencharakter der Burgen verhalf der Landschaft in der Romantik zu der ihr zugeschriebenen sehnsuchtserfüllten, paradiesischen Qualität.

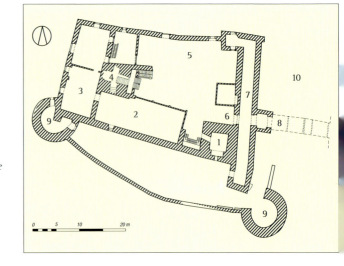

1 Bergfried
2 Südlicher Wohnbau
3 Palas
4 Kellerhals
5 Ergrabene Fundamente weiterer Bauten
6 Inneres Torhaus
7 Zwinger
8 Äußeres Tor
9 Spätgotische Rondelle und Zwingermauern
10 Halsgraben

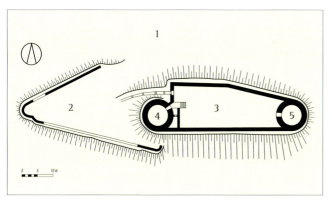

1 Vorburg
2 Ringmauer und Westhof
3 Kernburg
4 Westturm
5 Ostturm

Parkplätze
80 Parkplätze für PKW, 10 für Busse, ca. 15 Min. entfernt

Informationsmaterial
Info zur Burggeschichte

Toiletten
Öffentliches WC am Parkplatz

Als Gründungsort des „Thüringisch-Sächsischen Vereins für die Erforschung des vaterländischen Altertums und Erhaltung seiner Denkmale" wurde im Jahre 1819 die Burg Saaleck auserkoren.

145

Schulpforte

Ehem. Zisterzienserkloster Sancta Maria ad Portam

Ehe Zisterzienser in das von Buchenwäldern umgebene Tal von Schulpforta zogen, entstand zunächst auf dem Pfefferberg bei Schmölln ein Benediktinerkloster, das Graf Bruno mit reichem Besitz ausstattete und um 1127 seinem Verwandten, dem Bischof Udo I. von Naumburg übertrug. Dieser rief Mönche aus Walkenried nach Schmölln, verlegte jedoch das Kloster bald nach Schulpforta. Hier entwickelte es sich in der Folge zu einem der reichsten Klöster Mitteldeutschlands. Nach seiner Säkularisierung 1540 wurde es wie die Klöster in Grimma und Meißen fürstliche Landesschule mit vielen berühmten Schülern wie Friedrich Gottlieb Klopstock, Johann Gottlieb Fichte oder Leopold von Ranke und Friedrich Nietzsche. Nachdem die Anlage 1935–1945 als Nationalpolitische Erziehungsanstalt vereinnahmt war und dann als Erweiterte Heimoberschule diente, ist Schulpforta seit 1990/1991 wieder Landesschule.

Die im Jahre 1137 begonnene Klosterkirche war ursprünglich eine kreuzförmige Basilika und wurde ab 1251 auf den Fundamenten des romanischen Vorgängers, nun jedoch im frühgotischen Stil umgebaut. Die Erneuerung begann im Osten. Die Weihenachricht von 1268 ist wohl auf den vollendeten Chor zu beziehen, an ihm ist der Einfluß der französischen Gotik zu beobachten. In den Jahrzehnten bis 1300 schloß sich der Bau des Langhauses an, der mit der Westfassade – entsprechend den Regeln der zisterziensischen Baukunst turmlos – seinen Abschluß erfuhr. Bei der Gestaltung der Fassade wurden die Seitenschiffe zurückgedrängt. Dadurch kommt das hohe Mittelschiff zur Geltung.

Der Innenraum der Klosterkirche offenbart in den Proportionen und der mächtigen Wandscheiben des Langhauses noch den romanischen Kernbau, ist jedoch mit seinem Gewölbe und der vornehmen Chorgestaltung ganz vom gotischen Umbau des 13. Jahrhunderts geprägt. Neben Grabtumben und Stifterfiguren ist das monumentale Triumphkreuz mit fragmentarisch erhaltener Fassung das bemerkenswerteste Ausstattungsstück der Klosterkirche Schulpforta (entstanden nach 1268).

Anschrift
Landesschule Pforta
Schulstraße 12
06628 Schulpforte

Öffnungszeiten
Sommer
täglich 8.30–18.00 Uhr
Winter
täglich 9.00–16.00 Uhr

Eintrittspreise
Führungen: 2,50 EUR

Führungen
Sommer (April–September):
Sa 10.30 u. 14.00 Uhr
und nach Vereinbarung
Winter:
keine Führungen

Ansprechpartner für Führungen
Petra Dorfmüller
Schulstraße 12
06628 Schulpforte
Tel.: (034463) 3 51 10

Unser Tip
Friedhof mit ewiger Lampe

Anreise mit PKW
direkt an der B 87 zwischen Naumburg und Bad Kösen

Anreise mit ÖPNV
mit dem Bus von Naumburg o. Bad Kösen

Parkplätze
20 Parkplätze für PKW,
1 für Busse

Verkaufsangebot im Bauwerk
Literatur-Verkauf beim Pförtner

Toiletten
WC auf dem Gelände

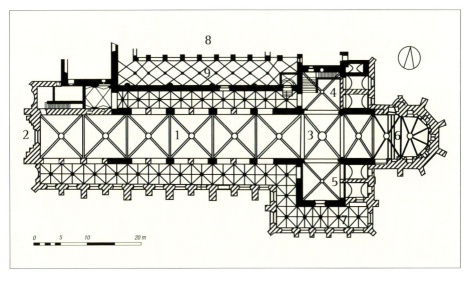

Im Norden der Kirche schließen sich die um einen Hof gruppierten drei Flügel der Klausur an, die in ihrer Grundsubstanz noch romanische Züge aufweisen, was sich insbesondere in den Kreuzgangflügeln zeigt.

Bemerkenswerte Reste romanischer Baukunst sind in der westlich der Klausur gelegenen Mühle erhalten, ebenso in der Abtskapelle des Fürstenhauses. Sie wurde nach 1237 begonnen und um 1240 beendet. Der polygonale Chor weist schon auf die nahende Gotik, doch die Gliederung des Innenraumes ist noch romanisch, allerdings in der letzten und reifsten Phase, die schon zur Auflösung neigt.

1 *Dreischiffiges Langhaus*
2 *Gotischer Westteil mit Fassade*
3 *Vierung mit Triumphkreuz*
4 *Nordquerhaus mit Treppe zum Dormitorium (Schlafsaal)*
5 *Südquerhaus mit Kapellen*
6 *Chor mit Hauptaltar*
7 *Umgang*
8 *Ehemalige Klausur mit Kreuzgang und Gemeinschaftsräumen*
9 *Zweischiffiger Südflügel des Kreuzganges (Lesegang)*

Der Nordflügel des Kreuzganges hat die mit Ecksäulchen an den Pfeilern akzentuierte Arkadengliederung des mittleren 12. Jahrhunderts bewahrt.

147

51 Naumburg

Evangelischer Dom St. Peter und Paul

Die siebentürmige Stadt Naumburg liegt am rechten Ufer der mittleren Saale. Um 1000 errichtete Ekkehard I. von Meißen an der Kreuzung zweier Handelsstraßen und in der Nähe slawischer Siedlungen eine Burg, die seine Söhne Ekkehard II. und Hermann I. weiter ausbauten. Ihr Hauskloster verlegten sie von Gene bei Kleinjena nach Naumburg auf den Georgenberg. Es wurde die Begräbnisstätte der Ekkardiner.

Zu weitreichender und entscheidender Bedeutung für die Geschicke der Stadt führte 1028 die Entscheidung Kaiser Konrads II., das Bistum Zeitz in den sicheren Schutz der Burg nach Naumburg zu verlegen und unter den Schutz der Ekkardiner zu stellen. Das geschah auch zum Vorteil der Markgrafen, die das Ansehen ihres neuen Stammsitzes vermehrten – die markgräfliche Familie konnte nun in einer Bischofskirche bestattet werden.

Der romanische Ostlettner im Dom

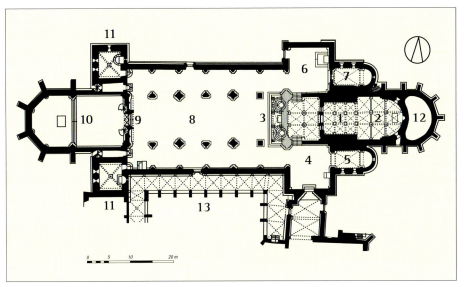

1 Frühromanischer Mittelteil der Ostkrypta
2 Spätromanische Ostkrypta
3 Spätromanischer Hallenlettner
4 Südquerhaus mit Portal
5 Südostturm mit Stephanskapelle
6 Nordquerhaus
7 Nordostturm mit Johanneskapelle
8 Spätromanisches Langhaus
9 Frühgotischer Westlettner
10 Frühgotischer Westchor mit den Stifterfiguren
11 Westtürme
12 Hochgotischer Ostchor
13 Ehemalige Klausur mit Kreuzgang

Von der ersten Domanlage ist die um 1170 nachträglich eingefügte Krypta im wesentlichen erhalten. An den Kapitellen finden sich Schmuckformen, die es erlauben, den Wandel dieser Verzierungen zu erleben.
Den Abschluß der Krypta zum Langhaus bildet der romanische Hallenlettner, der wie die Kapitelle in der Krypta Baudekor von ausgezeichneter Qualität aufweist.

Die Bischöfe stiegen im Jahr 1296 zu Reichsfürsten auf. Unter ihrem Einfluß entwickelte sich Naumburg zu einer der bedeutendsten deutschen Städte. So war noch im 16. Jahrhundert der Fernhandel Naumburgs umfangreicher als der von Leipzig. Im 12./13. Jahrhundert entstand die planmäßig angelegte Altstadt mit dem viereckigen Marktplatz. Domimmunität und Altstadt wurden befestigt und sind noch heute durch die Herren- bzw. Steinstraße miteinander verbunden. Erst nach dem Tod des 40. Bischofs Julius Pflug wurde das Hochstift 1564 in ein weltliches Fürstentum umgewandelt.

Im 11. Jahrhundert erhielt der Bischofssitz seine erste Kirche. Der frühromanische Bau war eine kreuzförmige, dreischiffige Basilika mit quadratischem Ostchor und halbrunder eingezogener Apsis.

Die verbesserte wirtschaftliche Situation erlaubte es, zu Beginn des 13. Jahrhunderts einen Neubau des Domes zu planen. Eine großartige dreischiffige, doppelchörige Basilika mit zwei Turmpaaren wurde um 1210 begonnen, gleichzeitig die frühromanische Klausur ersetzt, bereits 1242 Ostteile und Langhaus geweiht. Ähnlich wie in Magdeburg schritt während des Baues die Entwicklung von der Romanik zur Gotik weiter. Die Ostteile wurden noch mit sparsamen Schmuckformen und sorgfältig gefügtem Mauerwerk in den strengen romanischen Formen errichtet, im Langhaus dagegen klingt die Gotik an, und der Westabschluß ist

Der Gegensatz des Kraft und Selbstbewußtsein ausstrahlenden Ekkehard II. zu seiner herb-verschlossenen und anmutig-hoheitsvollen Gemahlin Uta von Ballenstedt bewirkt die besondere Ausstrahlungskraft der porträthaft erscheinenden Figuren. Spätestens seit den 1920er Jahren, als ihr Bild um die Welt ging, ist Naumburgs Uta die berühmteste Frau Deutschlands. Mit ihr wurde auch der Naumburger Dom weltberühmt.

Anschrift
Naumburger Dom
St. Peter und Paul
Domführungen
Domplatz 16/17
06618 Naumburg

Öffnungszeiten
Apr.–Sept.:
Mo–Sa 9.00–18.00 Uhr,
So u. Feiertag
12.00–18.00 Uhr
März–Okt.:
Mo–Sa 9.00–17.00 Uhr,
So u. Feiertag
12.00–17.00 Uhr
Nov.–Febr.:
Mo–Sa 9.00–16.00 Uhr,
So u. Feiertag
12.00–16.00 Uhr

Eintrittspreise
Erw. 4,– EUR; Studenten u.
Sozialhilfeempf. 3,– EUR;
Schüler 2,- EUR; Jahreskarte
10,– EUR; Familienkarte
(für zwei vollzahlende
Erwachsene und Kinder
10,– EUR)
Kombikarte Dom zu
Naumburg und Dom zu
Merseburg:
Erw. 6,50 EUR; Studenten u.
Sozialhilfeempf. 4,50 EUR;
Schüler 3,– EUR
Einzel- und Sonderführungen
(Aufschlag): 15,– EUR

Führungen
zu jeder vollen Stunde,
außer 12.00 Uhr,
Dauer: ca. 40 Min.

Ansprechpartner für Führungen
Frau Wille
Domplatz 16/17
06618 Naumburg
Tel.: (03445) 23 01 10
Fax: (03445) 23 01 20

Spezialführungen
altersgerechte Führungen für
angemeldete
Schülergruppen, Führungen
in Englisch nach Anmeldung
zur halben Stunde

Unser Tip
Stadtmuseum „Hohe Lilie",
Blütengrund im Saaletal

Angebote
Stadtführungen durch die
Altstadt, Stadtmuseum,
Friedrich-Nietzsche-Haus,
Wenzelskirche,
Wasserwandern, historische
Straßenbahn,
Max-Klinger-Gedächtnisstätte

Anreise mit PKW
über A 9; B 87; B 88; B 180

Anreise mit ÖPNV
per Bahn

Parkplätze
100 Parkplätze für PKW,
10 für Busse, ca. 15 Min.
entfernt; Parkmöglichkeiten
auf der Vogelwiese (Sa/So
Parkplatz Oberlandesgericht,
nur PKW)

Informationsmaterial
Broschüren, Hefte,
Kunstführer etc.

Verkaufsangebot im Bauwerk
Bücher, Ansichtskarten,
Broschüren, Hefte, Poster

Toiletten
WC-Container an der
Westseite des Domes

in reinen gotischen Formen entwickelt. Der Stilwandel wurde besonders gefördert, als mit dem Bau des Westchores ein neuer Baumeister und Bildhauer seine Arbeit begann. Leider kennen wir den Namen dieses Künstlers nicht, so daß wir uns mit der Bezeichnung „Naumburger Meister" begnügen müssen. Nur seine von französischen Eindrücken geprägte Entwicklung läßt sich anhand von Vergleichen über Amiens, Reims, Noyon und Mainz verfolgen. Sein Hauptwerk findet sich jedoch unbestritten in Naumburg: Die Stifterfiguren im Westchor sind sowohl in der Thematik als auch in ihrer lebensvollen Charakterisierung in ihrer Zeit um 1250 einzigartig. Die ebenfalls von diesem Meister und seiner Werkstatt geschaffenen Passionsszenen am Westlettner berühren durch ihre dramatische Ausdruckskraft.

Trotz der herausragenden gotischen Werke ist der Naumburger Dom von der Grundkonzeption her ein romanischer Gruppenbau. Seine Doppelchörigkeit mit dem dadurch bedingten Seiteneingang sowie seine beiden Turmpaare widersprechen dem Gestaltungswillen der Gotik.

Zeitz

Katholischer Dom St. Peter und Paul

Die Stadt Zeitz ging aus drei Siedlungskernen hervor: aus der Bischofsburg auf einer Anhöhe über der Elster, der zu ihren Füßen entstandenen Unterstadt und der auf der Talrandhöhe gelegenen Oberstadt, die außerordentlich verkehrsgünstig lag. Bereits 1250 wurden die drei Teile durch einen einheitlichen Mauerzug zusammengefaßt.

Das barocke Wohnschloß der Herzöge von Sachsen-Zeitz, die Moritzburg, wurde nach 1657 weitgehend neu errichtet, bezog aber die alte Stiftskirche sowie die Befestigungswerke und den Grundriß der im Dreißigjährigen Krieg zerstörten mittelalterlichen Burg mit ein. Die heute immer noch gebräuchliche Bezeichnung Dom erinnert an die kurze Zeit von 968 bis 1028, als Zeitz Bischofssitz war, der dann aus dem von Slawen bedrohten Gebiet nach Naumburg verlegt wurde. Die Kirche entwickelte sich zur Stifts,- Schloß- und schließlich zur katholischen Pfarrkirche.

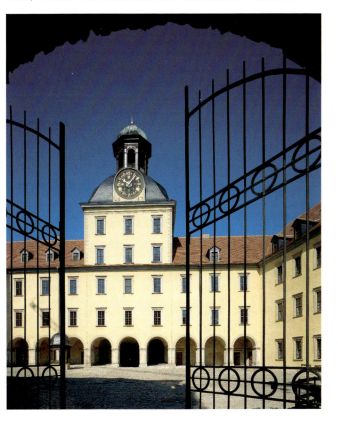

Auf den Resten der mittelalterlichen Bischofsburg und unter Einbeziehung der alten Domkirche entstand die Moritzburg in Zeitz 1657–1678 nach Plänen von Johann Moritz Richter d. Ä. als eine der großen frühbarocken Residenzbauten Mitteldeutschlands.

Anschrift
Katholisches Pfarramt
St. Peter und Paul
Schloßstraße 7
06712 Zeitz

Öffnungszeiten
Di–Sa 9.00–17.00 Uhr,
So 13.00–17.00 Uhr

Eintrittspreise
im Dom keine, Spenden
erwünscht

Führungen
bei Bedarf und auf Wunsch,
Gruppen werden um
vorherige Anmeldung
gebeten unter
Tel.: (03441) 21 13 91

**Ansprechpartner für
Führungen**
Herr Möhwald
Schloßstraße 7
06712 Zeitz
Tel.: (03441) 21 13 91
Fax: (03441) 21 16 54

Spezialführungen
für Kinder u. Jugendliche, in
Englisch, Reisegruppen
(Anmeldung ca. 1 Woche
vorher)

Ausstellungen
Schloss Moritzburg Zeitz mit
dem Deutschen
Kinderwagenmuseum und
den Dauerausstellungen
„Historische Möbel von der
Renaissance bis zum
Biedermeier" und „Zeit der
Bischöfe",
Di–So 10.00–17.00 Uhr,
2,55 EUR, erm. 1,25 EUR,
Tel.: (03441) 21 25 46

Gastronomie
Schloßgaststätte mit
gutbürgerl. Küche

Unser Tip
viele museumspädagogische
Angebote für Kinder

Angebote
Radtouren entlang Elster o.
Saale, Schwimmhalle,
Erlebnisbäder in Bad
Klosterlausnitz und Bad
Lausick, Hermannschacht in
Grana, Führungen im
Unterirdischen Zeitz

Anreise mit PKW
A 9 Abf. Osterfeld, B 91,
B 2, B 180

Anreise mit ÖPNV
Bhf. Zeitz, Burgendlandbahn

Parkplätze
25 Parkplätze für PKW,
1 für Busse, ca. 5 Min. entf.

Informationsmaterial
div. Publikationen

**Verkaufsangebot im
Bauwerk**
Angebote in der Moritzburg

Toiletten
WCs im Schloßkomplex und
im Restaurant

Der südlich der Kirche gelegene Kreuzgang entstand um 1400, enthält jedoch romanische Reste.
Nach den Hussiteneinfällen im 15. Jahrhundert erhielt die Kirche ihr heutiges Aussehen. Die schwer beschädigte romanische Basilika wurde in eine spätgotische Halle umgebaut. Die Bündelpfeiler des 1433–1444 errichteten Langhauses im Stil der thüringischen Hallenkirchen gehen nahtlos in das Gewölbe über.

In der Krypta des Zeitzer Domes sind noch das Mauerwerk und die Säulen der ottonischen Krypta erhalten; die Wölbung wurde im 12. Jahrhundert erneuert.

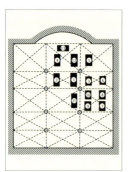

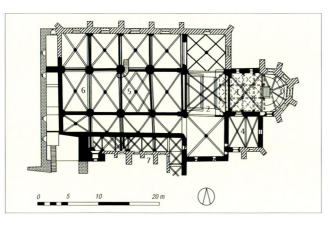

1 Frühromanische Hallenkrypta
2 Vierung und Querhaus mit barocken Schranken
3 Gotischer Chor mit Barockaltar
4 Sakristeianbau
5 Gotisches Hallenlanghaus
6 Westjoche mit Fürstenempore
7 Ehemalige Klausur mit Kreuzgang

Mit der Weihe des neuen Volksaltares konnten am 13. Dezember 1998 die umfangreichen Sicherungs- und Restaurierungsarbeiten abgeschlossen werden, die durch den verheerenden Einsturz eines Vierungspfeilers 1982 veranlaßt worden waren.

Der Innenraum des Doms wird heute hauptsächlich durch die in mehreren Etappen entstandenen Um- und Neubaumaßnahmen der Gotik geprägt und durch die barocke Ausstattung aus der Zeit des Schloßbaus.

53 Freyburg an der Unstrut

Neuenburg

Der "Dicke Heinrich", ein bedeutender Vertreter spätromanischer Rundtürme mit überkuppeltem Hauptgeschoß, Kamin und Aborterkern.

Schon die Fahrt von Naumburg durch das Unstruttal mit seinen reizvollen Weinbergen ist ein Erlebnis – vorbei an Burgen und Schlössern im Tal oder auf dem Talrand –, bis dann als Höhepunkt die weiträumige Neuenburg mit ihrem Bergfried, dem „Dicken Heinrich", das Landschaftsbild beherrscht.

Wahrscheinlich ist die Stadt Freyburg fränkischen Ursprungs. Die vorstädtische Siedlung entstand an dem wichtigen Unstrutübergang, der „Frankenstraße" von Erfurt nach Merseburg. Die heutige Stadt ist eine planmäßige Anlage der Landgrafen von Thüringen, gebaut um 1200. Um 1062 begann man mit der Errichtung einer Burg über der Furtsiedlung, der Neuenburg. Sie sollte den Besitz der Landgrafen von Thüringen nach Osten sichern; im Westen des thüringischen Herrschaftsbereiches entsprach ihr die 1067 gegründete Wartburg. Allerdings hat die Neuenburg im 19. Jahrhundert nicht deren Wertschätzung erfahren und so auch nicht deren Berühmtheit erlangt.

Die Anlage entstand 1062 bis 1227 in drei Bauetappen. Unter Ludwig dem Springer wurde zunächst wohl eine ovale Talrandburg mit westlicher Vorburg und massivem Bergfried errichtet.

In der dritten Bauetappe von 1190–1227 sind wichtige spätromanische Bauteile entstanden, die zum großen Teil erhalten blieben. Dazu gehören die Doppelkapelle, eine neue Vorburg mit

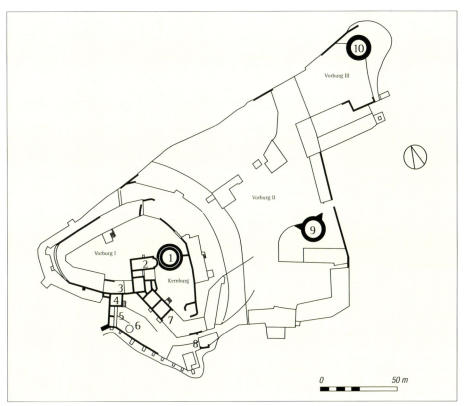

1 Lage des Bergfrieds I
2 Burgkapelle (romanische Doppelkapelle)
3 Löwentorhaus
4 zweiter Wohnturm
5 Westtorhaus mit Aborten
6 Brunnen
7 Fürstenbau
8 Osttorhaus
9 Bergfried II
10 Bergfried III (Dicker Wilhelm)

Die Doppelkapelle der Neuenburg. Durch die Teilung in ein Obergeschoß, das reich geschmückt ist, und in ein schlichteres Untergeschoß ergab sich die Möglichkeit zur Trennung der Dienerschaft von der oben sitzenden Herrschaft.

Aus der Zeit der hl. Elisabeth stammt die prachtvolle Kapelle der Neuenburg. Der selten erhalten gebliebene Typ der Doppelkapelle findet sich vor allem in königlichen oder hochadligen Burgen der Zeit um 1200 (z. B. in Nürnberg, Eger/Cheb, Landsberg und Lohra).
Die Doppelkapelle auf der Neuenburg wurde wohl um 1190 begonnen, das Obergeschoß um 1220 eingewölbt. Die phantastischen, maurischen Formen ähnelnden Zackenbögen im Gewölbe erinnern an rheinische Bauformen (z. B. Westvorhalle der Kölner St. Andreaskirche).

Anschrift
Museum Schloß Neuenburg
Schloß 1
06632 Freyburg
Tel.: (034464) 3 55 30
Fax: (034464) 3 55 55

Öffnungszeiten
Apr.–Okt.:
Di–So 10.00–18.00 Uhr,
letzter Einlaß 17.30 Uhr
Nov.–März (nur Museum geöffnet):
Di–So 10.00–17.00 Uhr,
letzter Einlaß 16.30 Uhr

Eintrittspreise
Erw. 3,– EUR, erm. 2,– EUR,
Jahreskarte 10,– EUR,
Führungen: 2,– EUR,
Gruppenrabatt ab 10 Pers.
0,50 EUR/Pers.

Führungen
11.00, 13.00, 15.00 und 17.00 Uhr, nach Voranmeldung auch zu anderen Zeiten möglich

Spezialführungen
tägl. 15.00 Uhr

Kinderführung im hist. Kostüm, 2,– EUR Führungszuschlag (Gruppenrabatt ab 10 Kinder 0,50 EUR/Kind)

Ausstellungen
neben den Dauerausstellungen Sonderausstellungen im Bergfried „Dicker Wilhelm" und in der „Alten Remise"

Übernachtung
Jägerhaus mit 2 Wohnungen

Unser Tip
Weinmuseum mit Verkostung, liebevoll eingerichtete Kinderkemenate zum Spielen, Basteln

Angebote
montalbane –
Internationale Tage der mittelalterlichen Musik, Burgfest

Anreise mit PKW
Auffahrt zur Neuenburg

über B 176; von A 9 o. A 4 Abf. Naumburg nach Freyburg (Hinweisschilder)

Anreise mit ÖPNV
Bahn bis Freyburg;
Bus Naumburg–Nebra, Halle–Freyburg

Parkplätze
100 Parkplätze für PKW, 5 für Busse (gebührenpflichtig)

Verkaufsangebot im Bauwerk
Museumsladen mit umfangreichem Angebot

Toiletten
Container-WC am Turm, WCs im Museum und im Café, ein WC im Café ist behindertengerecht

Internet
www.schloss-neuenburg.de
e-mail: neuenburg@t-online.de

Bergfried, dem „Dicken Wilhelm", und ein Wohnturm. Zu dieser Zeit residierte hier häufig die später heilig gesprochene ungarische Königstochter Elisabeth, Gemahlin des Landgrafen Ludwig IV.

Kulturgeschichtlich bedeutsam wurde die Burg durch ein großes Werk mittelalterlicher Literatur. Auf Einladung des späteren Landgrafen von Thüringen, Hermann, weilte der Dichter Heinrich von Veldecke 1184–1188 auf der Neuenburg und vollendete hier sein Epos „Eneit", das die Irrfahrten des Aeneas nach der Zerstörung Trojas behandelt – das erste ritterlich-weltliche Versepos in mittelhochdeutscher Sprache.

Nach dem Erlöschen der Ludowinger Linie gelangten die Markgrafen von Meißen in den Besitz der Neuenburg. Sie blieb dann im wesentlichen wettinisch und wurde zum fürstlichen Wohnschloß ausgebaut; die Vorburg ist geprägt durch die Nutzung als preußische Domäne nach 1815.

54 Merseburg

Ev. Dom St. Johannes und Laurentius

Der langgestreckte Burgberg und die versumpfte Niederung der Saaleaue boten seit vorgeschichtlicher Zeit ideale Siedlungsbedingungen. Unter Heinrich I. war Merseburg bevorzugte Königspfalz der Sachsen und wurde 968 wie Meißen und Zeitz Bischofssitz.

Die mittelalterliche Altstadt setzte sich aus drei unterschiedlichen Siedlungskernen zusammen: dem Burgberg mit der „Altenburg" im Norden, dem Königshof in der Mitte (etwa jetziger Schloßbereich) und dem Bischofssitz im Süden. Um 1218 wurden diese Teile zusammen mit weiteren Siedlungsbereichen mit einer schützenden Stadtbefestigung umgeben. Als planmäßige Anlage war schon zuvor im ausgehenden 12. Jahrhundert der Neumarkt jenseits der Saale angelegt worden. Die Stadt lebte zunächst vom Fernhandel; Leipzig und Naumburg überrundeten Merseburg in seiner diesbezüglichen Bedeutung bald. Nach dem Tod des letzten katholischen Bischofs 1561 ging die Verwaltung des Stiftes an einen kursächsischen Administrator über. 1815 wurde Merse-

Bald nach der Schlacht bei Hohenmölsen, in der 1080 der Gegenkönig Heinrichs IV., Rudolf von Schwaben, den Tod fand, entstand auch seine Figurengrabplatte. Sie ist die älteste erhaltene Grabplatte in der Technik des Bronzegusses. Das Flachrelief zeigt den Verstorbenen fast lebensgroß, jedoch fern aller Porträthaftigkeit als Symbol des Königstums. Ursprünglich waren die gravierten Teile wie Haare und Gewandornamente vergoldet sowie in Krone und Augen Edelsteine eingelegt.

Anschrift
Merseburger Dom
St. Johannes und Laurentius
Domführung
Domplatz 7
06217 Merseburg

Öffnungszeiten
Apr.–Sept.:
Mo–Sa 9.00–18.00 Uhr,
So u. Feiertag
12.00–18.00 Uhr
März–Okt.:
Mo–Sa 9.00–17.00 Uhr,
So u. Feiertag
12.00–17.00 Uhr
Nov.–Febr.:
Mo–Sa 9.00–16.00 Uhr,
So u. Feiertag
12.00–16.00 Uhr

Eintrittspreise
Erw. 4,– EUR; Studenten u.
Sozialhilfeempf. 3,– EUR;
Schüler 2,– EUR;
Jahreskarte 10,– EUR;
Familienkarte (für zwei vollzahlende Erwachsene und Kinder 10,– EUR)

Kombikarte Dom zu Naumburg und Dom zu Merseburg:
Erw. 6,50 EUR; Studenten u. Sozialhilfeempf. 4,50 EUR;
Schüler 3,– EUR
Einzel- und Sonderführungen (Aufschlag): 15,– EUR

Führungen
während der Öffnungszeiten zur vollen Stunde bis eine Stunde vor Schließung

Ansprechpartner für Führungen
Kathi Watzel
Domplatz 7
06217 Merseburg
Tel./Fax: (03461) 21 00 45

Spezialführungen
nach Voranmeldung für Kinder u. Jugendliche

Unser Tip
Merseburger Orgeltage,
Merseburger Schloßfestspiele

Anreise mit PKW
über B 181, gute Ausschilderung, „Krummes Tor" – Eingang zum Gelände

Anreise mit ÖPNV
mit Bahn und Bus

Parkplätze
10 Parkplätze für PKW,
2 für Busse, Busparkplatz ca. 250 m entfernt

Informationsmaterial
Faltblatt, Kunstführer

Verkaufsangebot im Bauwerk
Ansichtskarten, CDs, Bücher,
Dia-Serie

Toiletten
öffentliche Toilettenanlage 20 m links vom Hauptportal, Eingang Schloß (behindertengerecht)

burg Sitz der Regierung des Regierungsbezirkes Merseburg der preußischen Provinz Sachsen.

Über der Saale erhebt sich – gewachsen über die Jahrhunderte – die turmreiche Anlage des alten Bischofssitzes. Sein Zentrum bildet der Dom, der oftmals verändert wurde, in seinem Grundriß und in der Ostpartie jedoch bis heute ottonische Züge bewahren konnte. Nach der Grundsteinlegung 1015 erfolgte bereits 1021 im Beisein von Kaiser Heinrich II. die Weihe, die sich sicher nur auf die Ostteile bezog. Wenige Jahre später stürzte der Chor ein. Mit der Wiederherstellung wurden auch die im 13. Jahrhundert kaum veränderten Osttürme errichtet, der Vierungsturm entstand in der 2. Hälfte des 11. Jahrhunderts.

Mit den zwei Turmpaaren und dem Vierungsturm über dem sich durchdringenden Lang- und Querhaus geriet die Bischofskirche Merseburg zu einem der richtungsweisenden Bauwerke des frühen deutschen Kirchenbaus.

Im 13. Jahrhundert wurden Chor, Querhaus und Vierung umgebaut und dabei gewölbt sowie im Westen die Vorhalle angefügt. Das ottonische Langhaus ersetzte man 1502–1517 durch eine spätgotische Halle, die drei malerischen Treppengiebel stammen ebenfalls aus dieser Zeit. Von dem ottonischen Bau blieben die

Die dreischiffige Halle der Krypta mit ihrem leicht und frei sich erhebenden Kreuzgratgewölbe kündet von der Baukunst des beginnenden 11. Jahrhunderts.

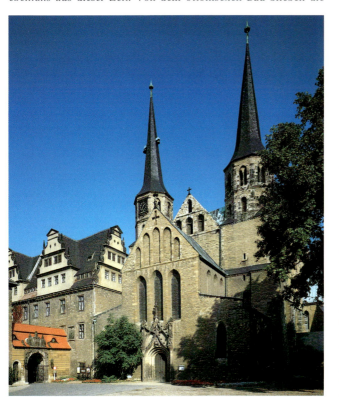

Die Vorhalle des 13. Jahrhunderts ist vor die Westtürme gelegt, deren achteckige Aufsätze aus dem Ende des 12. Jahrhunderts stammen; die spitzen Helme kamen 1535–1537 dazu.
In der Mitte oberhalb des Portals erinnert eine Büste Heinrichs II. mit dem Dommodell an den zweiten Gründer. Rechts und links davon erheben sich die überlebensgroßen Standbilder der Bistumsheiligen Laurentius und Johannes des Täufers.

Das Wahrzeichen der Stadt ist die auf dem Buntsandsteinfels oberhalb der Saale gelegene turm- und giebelreiche Baugruppe von Dom und Schloß Merseburg.

rechts: Der Blick in das unter Thilo von Trotha begonnene und unter Bischof Adolf von Anhalt vollendete Langhaus gibt einen Eindruck vom Reichtum der Ausstattung, die trotz der Restaurierungen des 19. Jahrhunderts in großer Vielfalt vom frühen Mittelalter bis zum Barock vorhanden ist.

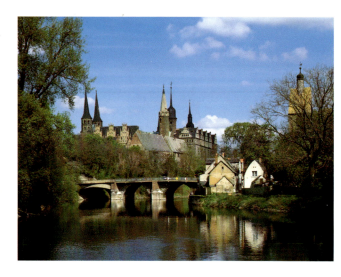

Krypta, aufgehendes Mauerwerk der Ostteile und die Osttürme erhalten. Im 19. Jahrhundert sicherten zwei Restaurierungsphasen das Bauwerk im Sinne der Überschaubarkeit des Ganzen und der Erkennbarkeit des mittelalterlichen Raumgefüges.

1 Dreischiffige Vorhalle mit romanischem Taufbecken
2 Westtürme
3 Orgelempore mit Barockorgel
4 Spätgotisches Hallenlanghaus
5 Vierung mit Chorgestühl, Triumphkreuz und Grabplatte für Rudolf von Schwaben
6 Südquerhaus, Reste des ottonischen Baus
7 Nordquerhaus (Bischofskapelle)
8 Chor mit Apsis und Barockaltar, darunter frühromanische Hallenkrypta
9 Frühromanische Osttürme
10 Marienkapelle
11 Fronleichnamskapelle
12 Ehemalige Klausur mit Kreuzgang
13 Tonsur
14 Michaeliskapelle

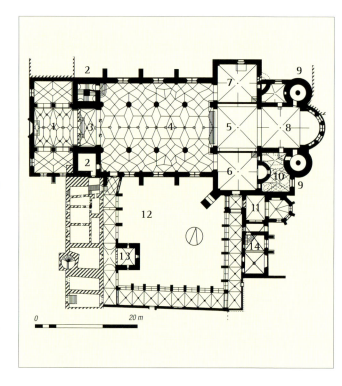

Merseburg

Neumarktkirche St. Thomas

Außer den schlichten Würfelkapitellen der inneren Arkaden haben sich als Teil des ursprünglichen Bauschmucks zwei romanische Säulenportale erhalten. Eine Besonderheit ist die Knotensäule an einem der Portale.

Auf dem östlichen Ufer der Saale überstand das neben dem Dom ältesten Bauwerk Merseburgs – und mit diesem in Sichtbeziehung verbunden – die verheerende Bombardierung der Stadt 1944: die dem hl. Thomas Becket von Canterbury geweihte Neumarktkirche, ehemals Pfarre der mit kaiserlichem Privileg im 12. Jahrhundert angelegten Neumarkt-Siedlung.

Bei der um 1188 errichteten Kirche handelt es sich um eine kreuzförmige Basilika mit einfachem Stützenwechsel und flachen Decken. Das Chorquadrat schließt mit einer Apsis ab, westlich erstreckt sich eine tiefe Empore, ehemals zwischen zwei Türme eingespannt.

Zeitweilig war hier ein Benediktinerinnenkonvent angesiedelt, im 14. Jahrhundert ein Kollegiatstift. Bereits im 15. und 16. Jahrhundert erlitt der romanische Bau durch Einsturz oder Abriß des südlichen Seitenschiffes und des Südturmes, der nördlichen Nebenapsis einschneidende Beeinträchtigungen; 1825–1826 erfolgte dann der Abbruch des nördlichen Seitenschiffes. Grund für diese Verluste war das immer wiederkehrende Saalehochwasser, weswegen auch der Fußboden mehrfach aufgeschüttet wurde und schließlich ein Niveau von etwa zwei Metern über der romanischen Höhe erreichte. Nachdem 1973 die Kirche aufgegeben wurde, war es erst ab 1991 möglich, die massiven Schäden zu beheben.

Anschrift
Ev. Kirchspiel Merseburg
Hälterstr. 30
06217 Merseburg

Neumarktkirche St. Thomae Canuariensis
Neumarkt
06217 Merseburg

Öffnungszeiten
Mai–Sept.:
Sa/So 14.00–16.00 Uhr
Winter:
geschlossen

Führungen
nur im Rahmen von Stadtführungen

(angemeldete Gruppen bis 30 Personen 30,– EUR),
Besuch zu den Öffnungszeiten kostenfrei

Ansprechpartner für Führungen
Stadtinformation
Burgstraße 5
06217 Merseburg
Tel.: (03461) 21 41 70
Fax: (03461) 21 41 77

Spezialführungen
immer mit Voranmeldung, richtet sich nach Besucherwünschen

Unser Tip
nach Dombesuch
Spaziergang entlang der Saale zur Neumarktkirche

Anreise mit PKW
über B 181

Anreise mit ÖPNV
Bahn und Bus

Parkplätze
15 Parkplätze für PKW

Informationsmaterial
Faltblatt

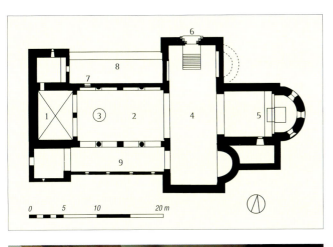

1 Westbau mit Empore und ehemals zwei Türmen
2 Mittelschiff des Langhauses
3 Fundament des Taufsteins
4 Querhaus
5 Chor mit steinernem Kastenaltar
6 Ehemaliges Westportal mit Knotensäule
7 Versetztes Portal vom Querhaus
8 Abgebrochenes Nordseitenschiff
9 n Fachwerk wiederaufgebautes Südseitenschiff

Nachdem die Kirche jahrzehntelang wie eingesunken wirkte, präsentiert sie sich heute wieder als ausgesprochen schlank und vornehm proportionierte Basilika.

167

55 Halle an der Saale
Burg Giebichenstein

Die Stadt Halle verdankt sowohl ihre Entwicklung als auch ihren Namen dem Salz. Aufgrund salzhaltiger Quellen war ihr Gebiet bereits in vorgeschichtlicher Zeit besiedelt. Die erste Erwähnung finden wir sehr früh, 806, als Kaiser Karl der Große ein Grenzkastell errichten ließ. Allerdings ist dessen Lage noch nicht eindeutig geklärt. Viele Forscher vermuten sie auf dem Domhügel, der die Salzsiedlung im „Thal" schützte. Eine weitere Befestigung ist die 961 erstmals erwähnte, auf einem Porphyrfelsen über der Saale gelegene Burg Giebichenstein.

Ähnlich wie das benachbarte Merseburg wuchs Halle aus verschiedenen Siedlungskernen zusammen und wurde im 12. Jahrhundert unter Wiprecht von Groitzsch planmäßig erweitert, später durch einen Mauerring zusammengefaßt. Damals entstand der heutige Markt, eine eindrückliche Platzanlage mit 13 Straßeneinmündungen und fünf Türmen. 1479 wurden alle Bemühungen um die politische und wirtschaftliche Selbständigkeit der Stadt durch Erzbischof Ernst zunichte gemacht. Er und später sein Nachfolger Albrecht von Brandenburg ließen für mehr als 150 000 Goldgulden die Moritzburg als Stadtfestung und Wohnschloß errichten. Europäischen Ruhm erlangte die fürstliche Hofhaltung Kardinal Albrechts, die auch auf die Stadt ausstrahlte.

Später spielte die Stadt u. a. durch die 1694 von Wittenberg nach Halle verlegte Universität eine wissenschaftliche Rolle. Erst die Industrialisierung belebte die Bautätigkeit in Halle wieder, so daß von den gründerzeitlichen Prachtbauten bis zur neuen Sachlichkeit alle Baurichtungen in hervorragenden Beispielen vertreten sind.

Prominentester Gefangener auf der Burg war der Thüringer Landgraf Ludwig, der Erbauer der Wartburg, der Neuenburg und der Ulrichskirche in Sangerhausen. Er soll seiner Gefangennahme mit einem kühnen Sprung in die Saale entkommen sein und hieß fortan Ludwig der Springer.

168

Anschrift
Burg Giebichenstein
Stadtmuseum
Seebener Str. 1
06114 Halle

Öffnungszeiten
Sommer:
Di–Fr 9.00–18.00 Uhr
Sa/So u. Feiertag
9.00–18.30 Uhr
30 Min. vor Schließung
letzter Einlaß
Winter: geschlossen

Eintrittspreise
Erw. 2,– EUR,
erm. 1,50 EUR,
Familienkarte: 3,50 EUR
Führungen für Schulklassen
kostenlos

Führungen
nur nach Voranmeldung
Burg Giebichenstein

Ansprechpartner für Führungen
Stadtmuseum
Abt. Museumspädagogik
Lerchenfeldstraße 14
06110 Halle
Tel.: (0345) 2 92 62 76/77

Spezialführungen
nach Absprache

Angebote
Schiffahrt auf der Saale

Anreise mit PKW
von allen Richtungen durch
Halle nach Kröllwitz

Anreise mit ÖPNV
Bahn, Straßenbahninien 7/8

Parkplätze
schlechte Parkmöglichkeiten,
für Busse schwierig

Verkaufsangebot im Bauwerk
Souvenirs, Karten etc.

Toiletten
im Kassengebäude (nicht
behindertengerecht)

Die sagenumwobene Ruine der Burg Giebichenstein verdankt ihren Ruhm – ähnlich wie die Rudelsburg – vielen bekannten Gästen wie Goethe, Brentano, Tieck, Novalis und Eichendorff. Kaiser Otto I. übereignete 961 die Burg Giebichenstein dem Moritzkloster in Magdeburg. Sie wurde 1382 Hauptresidenz der Erz-

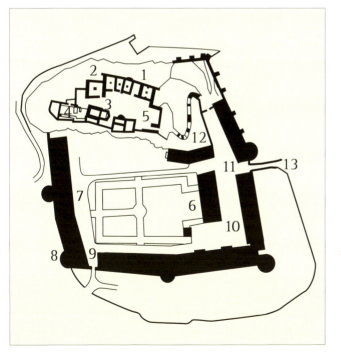

1   Palas
2   Wohnturm
3   Burgkapelle
4   Gebäudereste mit
    Kellern
5   Bergfried über
    romanischem Torturm
6   Kornhaus
7   Westflügel
8   Südwestturm
9   Rabentor
10 Pächterhaus
    (Herrenhaus)
11 Tor
12 Brunnenhaus und
    ehemaliges
    Hofmeisterhaus
13 Alte Burg (Amtsgarten)

bischöfe von Magdeburg als Stadtherren von Halle. Der Gesamtkomplex der Burg setzt sich aus drei Teilen zusammen. Von der Alten Burg sind im Amtsgarten geringe Teile vorhanden, die landschaftsbeherrschende Oberburg ist heute Freilichtmuseum, die Unterburg beherbergt die Hochschule für Kunst und Design.

55

Halle an der Saale

Evangelische Dorfkirche Böllberg

Anschrift
Kirche Böllberg
R.-Schatz-Str. 30
06128 Halle

Öffnungszeiten
Sommer:
Sa 15.00–17.00 Uhr
Winter: geschlossen

Eintrittspreise
Erw. 1,– EUR, erm. 0,50 EUR
(Spendenbasis)

Führungen
nur nach telefonischer
Voranmeldung
(0345) 3 91 17

Parkplätze
Parkmöglichkeiten entsprechend
den Gegebenheiten in der
Ortslage Böllberg/Wörmlitz

Toiletten
im Nebengebäude

Während die Kirchen im Stadtzentrum kaum mehr romanische Baureste aufweisen, blieb im halleschen Vorort Böllberg mit der Dorfkirche ein rein romanisches Bauwerk bewahrt. Es verkörpert den Typus der einfachen Saalkirche mit Apsis, wie sie im 12. Jahrhundert häufig errichtet wurden. Nebst der Architektur haben sich aus romanischer Zeit das mit Rosetten geschmückte Tympanon an der Südseite sowie ein romanischer Taufstein erhalten.

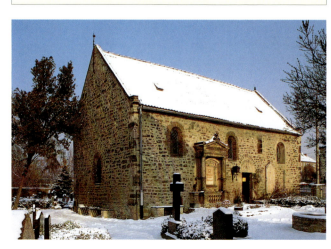

1 Südportal mit
 Rosettenschmuck
2 Langhaus
3 Apsis mit Barockaltar

Die aus Bruchsteinen errichtete Dorfkirche Böllberg stellt in nahezu unverfälschter Form einen Prototyp des ländlichen Sakralbaus im 12. Jahrhundert dar.

Landsberg

Doppelkapelle St. Crucis

Nachdem dem Wettiner Dietrich III. 1156 bei einer Erbteilung das Osterland mit Landsberg zugefallen war, ließ er auf der Landsberger Porphyrkuppe, die aus dem Flachland um Halle hoch herausragt, eine Burg errichten. In deren Schutze entwickelte sich das kleine Städtchen gleichen Namens, dessen Pfarrkirche ebenfalls noch romanische Bauteile aufweist. Bereits 1136 stiftete Konrad I. in der Burg eine Augustinerabtei, die allerdings bereits 1150 aufgehoben und in das Augustiner-Chorherrenstift Petersberg eingegliedert wurde. An ihrer Stelle ließ Dietrich um 1170 eine neue Burg im staufischen Stil mit drei Höfen in den Ausmaßen 100 mal 120 Meter errichten. Er hatte Kaiser Friedrich I. nach Italien begleitet und soll 1177 vom Papst einen Splitter vom

Anschrift
Doppelkapelle „St. Crucis"
Hillerstraße 8
06188 Landsberg

Öffnungszeiten
zu den Führungen oder nach Voranmeldung

Eintrittspreise
Erw. 2,– EUR, erm. 1,– EUR,
Kinder 0,50 EUR

Führungen
Mai–Oktober:
Sa/So 11.00 u. 15.00 Uhr

Ansprechpartner für Führungen
Gunter George
Inge Fricke
Hillerstraße 8
06188 Landsberg
Tel.: (034602) 2 06 90
Fax: (034602) 4 87 41

Gegenüber der lichten Weite des Obergeschosses erscheint das einst der Dienerschaft vorbehaltene Untergeschoß der Landsberger Doppelkapelle düster. Hervorzuheben ist die reiche und außerordentlich gut erhaltene Kapitellornamentik.

Obergeschoß

1 Treppenaufgang
2 Mittelapsis mit Altarblock
3 Öffnung zur Unterkapelle
4 Spätgotischer Schnitzaltar, um 1525/1530

Spezialführungen
nach Anmeldung zum Thema Romanik für 5. u. 6. Schulklassen, ansonsten nach Wunsch

Ausstellungen
Ausstellung zur Geschichte des Burgberges und zur Sanierung der Kapelle

Unser Tip
Essen in den historischen Gasthöfen „Ratskeller" (mit Wandmalereien zur Lokalgeschichte) und „Goldener Löwe" (ehem. Post-Ausspannhof), Eis-Café „La Capella" und „Mode-Café Volkland"

Angebote
Museum „B. Brühl" Landsberg, Felsenbad, Malzfabrik und Brauerei, Felsenbühne
Anreise mit PKW
A 9 Abf. B 100 Halle/Bitterfeld, Abzweig Gewerbegebiet/Zörbig, auf der „Straße der Romanik" zum Bauwerk

Anreise mit ÖPNV
Bahn Halle/Bitterfeld stündlich

Parkplätze
am Museum und am Felsenbad

Verkaufsangebot im Bauwerk
bei Führungen Literatur, Postkarten, Souvenirs

Toiletten
WC am Bauwerk (behindertengerecht) und im Museum (nicht behindertengerecht)

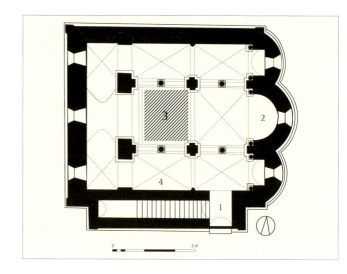

Kreuze Jesu empfangen haben, welcher der Kapelle in seiner Burg Landsberg den Namen St. Crucis gab. Die Burg verlor bald an Bedeutung, erhalten hat sich von ihr aber die Doppelkapelle.

Während der Bau sonst aus Bruch- und Haustein aufgeführt wurde, bestehen die drei Apsiden der am Ende des 12. Jahrhunderts errichteten Kapelle aus Backsteinmauerwerk, ebenso die Gewölbekappen im Inneren. 1662 erhielt die Kapelle das heute sichtbare hohe Dach.

Neben der Doppelkapelle auf Schloß Neuenburg hat sich in Landsberg ein weiteres Bauwerk dieses seltenen Typus erhalten, das sich durchaus mit den Doppelkapellen auf der Kaiserburg Nürnberg und in den Pfalzen Goslar und Eger/Cheb messen kann. Als Besonderheit findet sich an den Apsiden der Kapelle das früheste Backsteinmauerwerk der Region.

Petersberg

Ehem. Augustinerstiftskirche St. Petrus

Östlich von Wettin, nur zwölf Kilometer von Halle entfernt, befindet sich die Porphyrkuppe des Petersberges, der mit einer Höhe von 250 Metern das Harzvorland weit überragt. Bis ins 14. Jahrhundert trug er den Namen Lauterberg. Archäologen vermuten auf ihm eine befestigte Höhensiedlung, die im 8./9. Jahrhundert zu einer slawischen Kultstätte ausgebaut wurde. Um 1100 entstand auf dem Berg nach dem Vorbild romanischer Rundkirchen in Böhmen eine kleine Kapelle, deren Reste auf dem Friedhof zu sehen sind.

Das Kloster, ein Augustiner-Chorherrenstift, war eine Stiftung des Grafen Dedo IV. von Wettin. In kurzer Bauzeit wurden das Langhaus der dreischiffigen Basilika (1128–1137) und der Chor mit Querhaus (1174–1184) errichtet. Der heutige Chor ist das Ergebnis eines Umbaus in der Zeit um 1220–1225. Ein Brand zerstörte

Der heutige Innenraum ist weitgehend das Ergebnis der Wiederherstellung des 19. Jahrhunderts, eine der anspruchsvollsten Leistungen aus der Frühzeit der deutschen Denkmalpflege.

die Kirche 1562. Über der Grabstätte der wettinischen Markgrafen wurde 1567 eine einfache Grabkapelle mit einem monumentalen Gedächtnismal errichtet.

Unter Leitung des preußischen Konservators Ferdinand von Quast erfolgten im 19. Jahrhundert die Restaurierung und der Ausbau der Ruine. Chor und Querhausmauern sowie der Westturmbau konnten saniert, das Langhaus ergänzt und das gesamte Mauerwerk steinsichtig angelegt werden. Die Wiederherstellung des Baues fand 1855 mit der Anfertigung von Grabplatten für die Grafen Friedrich (gest. 1182) und Ulrich (gest. 1206) ihren Abschluß.

Der Brand im 16. Jahrhundert zerstörte auch die Ausstattung der Stiftskirche. Doch bereits 1567 ließ Kurfürst August von Sachsen Nachbildungen der Gräber der Wettiner, zu deren Grablege das Augustinerkloster auf dem Petersberg bestimmt war, anfertigen. Schöpfer des monumentalen Kenotaphs (Gedächtnismal) waren die Dresdner Bildhauer Hans und Christoph Walter. Die Grabplatten lassen erkennen, daß die Künstler entweder ein originales Vorbild kannten oder ganz bewußt auf archaisierende Formen zurückgriffen, um den altertümlichen Charakter zu betonen.

Anschrift
Stiftskirche St. Petrus
Bergweg 11
06193 Petersberg
Tel.: (034606) 2 04 09
Fax: (034606) 2 14 05

Öffnungszeiten
Sommer:
tägl. 7.45–20.00 Uhr
Winter:
tägl. 7.45–18.30 Uhr

Eintrittspreise
keine, Spenden erwünscht,
Führungen:
Erw. 1,– EUR/Pers.,
erm. 0,50 EUR

Führungen
nach Vereinbarung

Ansprechpartner für Führungen
Kloster Petersberg
Bruder Lukas
Bergweg 11
06193 Petersberg

Unser Tip
Begegnung mit den ev.
Mönchen suchen, Teilnahme
am Tagzeitengebet, stille
Meditation in der Kirche

Angebote
Felsenberg Petersberg,
Tierpark, Museum,
Reitsportanlage, Felsenbad,
Rodelbahn mit Sommer- und
Winterbetrieb

Anreise mit PKW
A 9 Abf. B 100
Halle/Bitterfeld Richtung
Zörbig auf der „Straße der
Romanik" oder über die
A 14, Abfahrt Halle
Trotha/Wettin

Anreise mit ÖPNV
Bahn bis Halle Hbf. u. Bus
S 310 Richtung Mösthinsdorf
bis Petersberg/Milchbank

Parkplätze
100 Parkplätze für PKW,
10 für Busse
(gebührenpflichtig)

Verkaufsangebot im Bauwerk
Kunstführer und Postkarten

Toiletten
im Stiftsgebäude

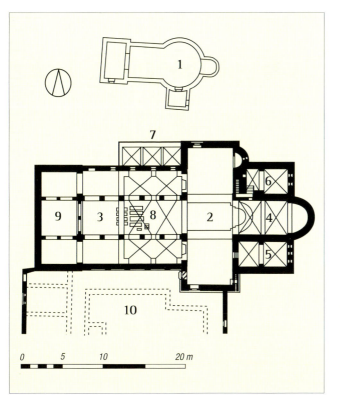

1 Alte Kapelle
2 Erstes Sanktuarium der Stiftskirche
3 Romanisches Langhaus
4 Chor mit Hauptapsis
5 Marienoratorium
6 Sakristei
7 Kapelle von 1208
8 Ehemaliges Wettiner-Mausoleum von 1567
9 Turmhalle mit Wettiner-Kenotaph
10 Ehemalige Klausur mit Kreuzgang

58 Bernburg, Ortsteil Waldau

Evangelische Dorfkirche St. Stephan

Schon der Patronatsheilige weist darauf hin, daß die Kirche in dem heute zu Bernburg eingemeindeten Waldau eine sehr frühe Gründung ist. Die Parochie von Gernrode wird urkundlich bereits 961 genannt. Erhalten hat sich ein Kirchenbau des 12. Jahrhunderts, der mit viergliedriger Staffelung einer alten Form folgt, die wir z. B. auch in Seehausen/Börde antreffen. Der Eingang in den flachgedeckten Feldsteinbau erfolgt über ein Stufenportal an der Südseite. Die Restaurierungen um 1930 haben spätere Einbauten zurückgenommen.

Anschrift
Dorfkirche St. Stephani
Am Weinberg
06406 Bernburg

Öffnungszeiten
Sommer: nach Absprache,
bitte in der Marienkirche,
Altstädter Kirchhof melden
(10.00–18.00 Uhr geöffnet)
Winter: nur nach Absprache

Eintrittspreise
keine, Spenden erwünscht

Führungen
nur nach Absprache

Ansprechpartner für Führungen
Pfarrer Eberhard Heimrich
Breite Straße 81

06406 Bernburg
Tel.: (03471) 35 36 13

Gastronomie
Askania Hotel
Breite Straße 2
Tel.: (03471) 35 40
Lindenhof Bernburg
(Rittertafel)
Tel.: (03471) 37 00 43
Hotel Kammerhof
Breite Straße 67
Tel.: (03471) 33 49 60

Angebote
Stadtführungen,
Erholungsgebiet
„Krumbholz",
Märchengarten, Schiffahrt
auf der Saale, Theater,
Museum Schloß Bernburg,
Erlebnisbad, Radwanderweg

Anreise mit PKW
auf der B 71

Anreise mit ÖPNV
mit Bahn oder Bus, ab Bhf.
Linie 552 Richtung
Bernburg-Streuzfeld

Parkplätze
10 Parkplätze für PKW,
2 für Busse

Informationsmaterial
Faltblatt

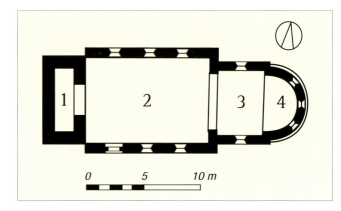

1 Westquerturm
2 Langhaus
3 Chorjoch mit Taufstein
4 Apsis

Die charakteristische Abfolge romanischer Kirchen mit halbrunder Apsis, Rechteckchor und Schiff mit stattlichem, wehrhaften Turm ist in Waldau besonders klar erkennbar.

Nienburg 59

Ehem. Benediktinerkirche St. Maria und Cyprian

Der Ort entstand am linken Ufer der an dieser Stelle in die Saale mündenden Bode; er geht wohl bereits auf einen karolingischen Militärstützpunkt zurück. Ein von Markgraf Thietmar und seinem Bruder Erzbischof Gero von Köln in Thankmarsfelde gegründetes Kloster wurde 975 nach Nienburg verlegt. Es erhielt von den sächsischen Kaisern eine besonders reiche Ausstattung und bestimmte seither auch die Geschicke des Ortes. Die erste ottonische Kirche, 1004 geweiht, brannte 1042 aus. Schon 1066 weihte man die neue Klosterkirche, auch sie fiel 1242 einem Brand zum Opfer und wurde wiederum unter Verwendung von Mauerteilen des alten Baus zügig aufgebaut. Es entstand ein Chor mit Quer-

Anschrift
Ev. Kirchengmeinde
Goetheplatz 8
06429 Nienburg

Öffnungszeiten
Sommer:
Mo–Fr 10.00–16.00 Uhr
Sa/So u. Feiertag
14.00–16.00 Uhr
im Winter nach
Vereinbarung

Eintrittspreise
keine

Führungen/Andachten
nach Vereinbarung

Ansprechpartner für Führungen
Evangelisches Pfarramt
Goetheplatz 8
06429 Nienburg
Tel.: (034721) 2 23 48
Fax: (034721) 2 10 40

Katholisches Pfarramt
Hospitalstraße 3
06429 Nienburg
Tel.: (034721) 2 24 16
Fax: (034721) 2 28 50

Spezialführungen
nach Vereinbarung

Parkplätze
5 Parkplätze für PKW,
3 für Busse

Toiletten
WC im Gemeindehaus

1 Ostpartie mit Vierung, Querhaus und Chor auf romanischem Grundriß
2 Chorjoch mit Resten des romanischen Schmuckfußbodens, darunter ehemals Krypta
3 Monatssäule
4 Nebenkapellen anstelle der Seitenapsiden
5 Gotisches Hallenlanghaus
6 Spätgotische Verlängerung
7 Spätgotischer Westturm

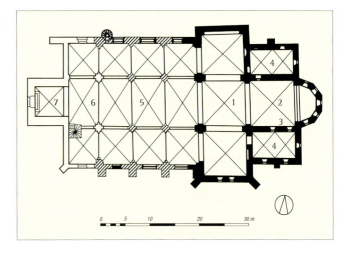

haus im Übergangsstil von der Romanik zur Gotik. An ihn fügte man 1280 ein Langhaus an. Der weite lichte Hallenbau brach mit den sächsischen Bautraditionen und zeigt den gotischen Einfluß hessischer und westfälischer Hallenkirchen.

Hecklingen 60
Ehem. Benediktinerinnenkirche St. Georg und Pankratius

Hecklingen liegt in der Mündungsniederung der Bode, das Benediktinerinnenkloster Hecklingen wird 1140 erstmals genannt. Die Gründerfamilie starb 1147 aus, die Grafen von Plötzkau übernahmen die Schutzvogtei, später die Askanier, denen die Anhaltiner folgten. Ende des 13. Jahrhunderts wurde der Konvent in ein Augustinerinnenkloster umgewandelt. 1496 brannte das Kloster ab, die Kirche blieb jedoch verschont. Nach der Reformation gelangte der Besitz 1571 an die Herren von Trotha.
Die nach 1150 errichtete Klosterkirche ist eine der besterhaltenen Basiliken am Harz. Obwohl sie nicht in der Hirsauer Tradition steht, besitzt sie keine Krypta. Sie weist als regelmäßige, sich aus dem Quadrat entwickelnde, kreuzförmige Anlage mit zweitürmigem Westbau den typisch sächsischen Grundriß auf. Die Gliederung des flachgedeckten Langhauses ist durch den rheinischen

Anschrift
Ev. Kirchengemeinde
Hermann-Danz-Straße 52
39444 Hecklingen

Öffnungszeiten und Führungen
Mo–Fr 10.00–13.00 Uhr,
Di 10.00–12.00 Uhr,
Sa/So u. Feiertag
14.00–16.00 Uhr
sowie nach Absprache

Ansprechpartner für Führungen
1. Gudrun Millsimmer
Hugo-Gast-Siedlung 11
39444 Hecklingen
Tel. und Fax:
(03925) 28 56 90

2. Pfr. Christfried Kulosa
Hermann-Danz-Straße 52
39444 Hecklingen

Tel. und Fax:
(03925) 28 42 77

Eintrittspreise
keine, Spenden erwünscht,
Gruppen je Person 1,50 EUR,
Fotogebühr 2,50 EUR

Spezialführungen
für Schüler und für Gäste
des Behindertenhotels

Übernachtung
Hotel „Stadt Bernburg"
gegenüber der Kirche

Gastronomie
Hotel „Stadt Bernburg"
gegenüber der Kirche

Angebote
Konzertsommer

Anreise mit PKW
an B 71 Halle–Magdeburg

Anreise mit ÖPNV
mit Bus und Bahn

Parkplätze
Parkplätze für PKW in der
Hermann-Danz-Straße,
Rathauspassage,
2 für Busse an der Ostseite
der Kirche

Informationsmaterial
Kunstführer etc.

Verkaufsangebot im Bauwerk
Bücher, Schmuckkacheln,
Kunstführer, Postkarten

Toiletten
Toilettenbenutzung im
Pfarrhaus möglich

Um 1225–1230 wurden die Arkadenzwickel des Langhauses mit 14 halbplastischen Engelsfiguren aus Stuck geschmückt, die zu den schönsten Werken ihrer Zeit gehören. Allerdings ist heute ihre ursprüngliche Bedeutung nicht mehr nachvollziehbar – vielleicht handelt es sich um Darstellungen von Seligpreisungen. Der bewegt lineare, heiter wirkende Gewandstil läßt die Erinnerung an die thüringisch-sächsische Buchmalerei wach werden, wie sie etwa der Sachsenspiegel zeigt.

Stützenwechsel geprägt; die Pfeiler weisen auf den Ecksäulen fein ornamentierte Rankenkapitellchen auf, die Säulen sind von blockhaften Würfelkapitellen mit eingelegten Schilden bekrönt. Als Rest einer romanischen Ausschmückung haben sich fünf plastische Köpfe über den Arkadenbögen der Nordseite erhalten, die als Stifterbilder interpretiert werden.

Der ursprüngliche Raumeindruck wurde durch den um 1230–1240 erfolgten Einbau einer Nonnenempore in der Westpartie des Langhauses und im südlichen Seitenschiff verunklärt. Die dafür eingefügten Säulen und Pfeiler zeigen überaus reiche vegetabile Formen und Phantasiegebilde.

Bereits das Äußere der Klosterkirche Hecklingen strahlt die zur Ruhe gekommene Geometrie des gebunden Systems romanischer Kirchen des sächsisch-thüringischen Raumes aus. Ihre spitzen Turmhelme sind weithin markante Landschaftszeichen.

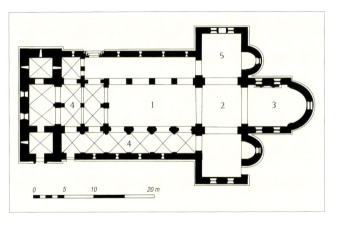

1 basilikales dreischiffiges Langhaus, in den Arkadenzwickeln Stuckengel
2 Vierung mit neoromanischer Kanzel
3 Chor mit neoromanischem Altar und Wandgrab für Franz von Trotha, um 1600
4 Nonnenempore auf frühgotischen Arkaden (um 1220)
5 Erbbegräbnis der Familie von Trotha, 1721

1878–1889 erfolgte eine umfassende Erneuerung der Kirche, wobei eine vor allem ornamental gehaltene Ausmalung die Architektur akzentuierte. Seit der Restaurierung von 1993–1995 ist die glückliche Synthese einer romanischen Basilika sächsischer Prägung und ihrer kostbaren Ausstattungsteilen mit einer Rauminterpretation des späten 19. Jahrhunderts wieder anschaulich geworden.

Literaturhinweise

Zu den Bauten an der Straße der Romanik sind in den letzten Jahren zahlreiche Führer und Einzelpublikationen sowie Aufsätze (u. a. in der Zeitschrift „Denkmalpflege in Sachsen-Anhalt" ab 1992) erschienen. Grundlegend ist nach wie vor das „Handbuch der deutschen Kunstdenkmäler" von GEORG DEHIO (Sachsen-Anhalt I und II).

Zur Konzeption der Tourismusstraße sei genannt: Christian Antz: Die Straße der Romanik durch Sachsen-Anhalt. In: Standort 20. 1996. 4

Hingewiesen sei weiterhin auf folgende Publikationen aus dem VERLAG JANOS STEKOVICS:

ERNST SCHUBERT: Der Naumburger Dom – Fotografien von Janos Stekovics, 216 Seiten, 182 farbige Abbildungen, Leinen, Schutzumschlag, 23 x 30 cm, 50,– €, ISBN 3-929330-92-X

1000 Jahre Eckartsburg, Schriftenreihe der Stiftung Schlösser, Burgen und Gärten des Landes Sachsen-Anhalt (Band 1), herausgegeben von BOJE SCHMUHL in Verbindung mit KONRAD BREITENBORN, 416 Seiten, 245 z. T. farbige Abbildungen, Leinen, Schutzumschlag, 17 x 24 cm, 24,80 €, ISBN 3-929330-93-8

Domschatz Halberstadt, 96 Seiten, zahlreiche farbige Abbildungen, gebunden, 17 x 24 cm, 16,80 €, ISBN 3-929330-94-6

PETER RAMM: Pfalz und Schloß zu Merseburg, 64 Seiten, 68 farbige Abbildungen, gebunden, 16,5 x 24 cm, 12,80 €, ISBN 3-929330-74-1

PETER RAMM: Merseburg. Führer durch die Domstadt, 48 Seiten, 46 farbige Abbildungen, gebunden, 16,5 x 24 cm, 12,80 €, ISBN 3-929330-03-2 (z. Z. vergriffen)

PETER RAMM: Klosterkirche Jerichow, 64 Seiten, farbige Abbildungen, gebunden, 16,5 x 24 cm, 12,80 €, ISBN 3-932863-98-9

PAUL D. BARTSCH: Streifzüge durch den Landkreis Quedlinburg, 72 Seiten, 160 farbige Abbildungen, gebunden, 24 x 22 cm, 14,80 €, ISBN 3-929330-75-X

Bete und Arbeite! Zisterzienser in der Grafschaft Mansfeld, 216 Seiten, 40 meist farbige Abbildungen, 21 x 24 cm, 14,80 €, ISBN 3-932863-07-0

HOLGER THIELE: Wo Mächtige einst Hof hielten, Kleiner Pfalzenführer, 96 Seiten, 40 Abbildungen, gebunden, 16,5 x 24 cm, 12,80 €, ISBN 3-932863-30-5

GERLINDE SCHLENKER, ARTHUR SCHELLBACH, WOLFRAM JUNGHANS: Auf den Spuren der Wettiner in Sachsen-Anhalt, 2., erweiterte, überarbeitete Auflage, 272 Seiten, 244 überwiegend farbige Abbildungen, gebunden, Schutzumschlag, 16,5 x 24 cm, 24,80 €, ISBN 3-932863-00-3

Kleine Führer

(12 x 17 cm, 2,60 €):

Doppelkapelle „St. Crucis" Landsberg (ISBN 3-929330-09-1) (in Vorbereitung)

Äbtissin Mathilde (ISBN 3-932863-14-3)

Burg Falkenstein (ISBN 3-929330-79-2)

Glasmalerei im Dom zu Havelberg (ISBN 3-929330-71-7)

Konradsburg Ermsleben (ISBN 3-929330-65-2)

Der Lettner im Dom zu Havelberg (ISBN 3-929330-51-2)

erhältlich im Buchhandel oder unter

www.onlinebuch.com

Ortsverzeichnis

Allstedt	132	Landsberg	171
Arendsee	39	Leitzkau	65, 67
Bad Kösen	141, 143	Loburg	64
Ballenstedt	116	Magdeburg	7, 14, 18, 20
Bebertal	28	Melkow	51
Bernburg	176	Memleben	137
Blankenburg	102	Merseburg	162, 166
Burg	61, 62	Naumburg	148
Dedeleben	83	Nienburg	177
Diesdorf	34	Osterwieck	96
Dößel	156	Pansfelde	118
Drübeck	100	Petersberg	173
Eckartsberga	139	Pretzien	69
Engersen	31	Quedlinburg	104, 105, 110
Ermsleben	124	Querfurt	134
Freyburg (Unstrut)	158	Redekin	58
Frose	122	Rohrberg	33
Genthin	60	Salzwedel	37
Gernrode	111	Sandau	46
Gröningen	75	Sangerhausen	128
Groß Ammensleben	23	Schönhausen	47
Hadmersleben	73	Schulpforte	146
Halberstadt	87, 93	Seehausen (Börde)	73
Halle an der Saale	168, 170	Tilleda	130
Hamersleben	78	Walbeck	29
Havelberg	42	Wiepke	31
Hecklingen	179	Wust	49
Hillersleben	24	Zeitz	155
Hundisburg	26		
Huysburg	84		
Ilsenburg	98		
Jerichow	52, 58		
Klostermansfeld	126		

Kapitelle der Krypta in der Stiftskirche St. Servatii Quedlinburg

Detail aus dem romanischen Taufstein in der Stiftskirche St. Cyriakus Gernrode

183

Stationen der Straße der Romanik in Sachsen-Anhalt

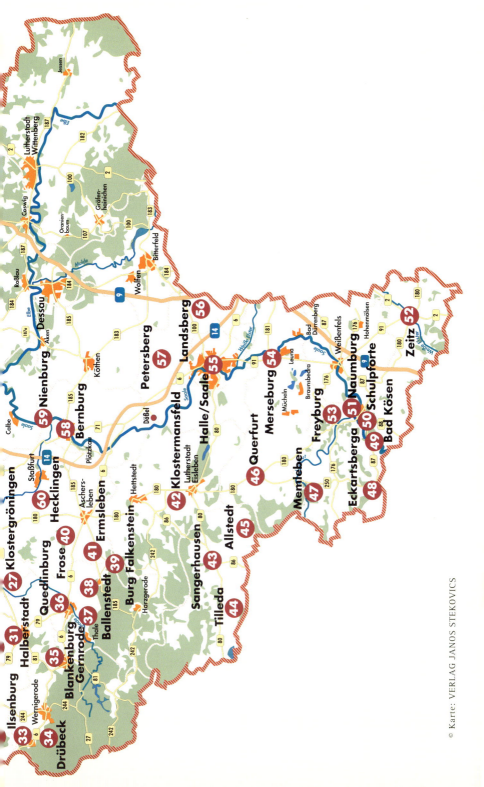

Perlen am Rande ...
z. B. Dößel bei Wettin

Grabsteine auf dem verwilderten Kirchhof

Anreise mit PKW
A 14 bis Abfahrt Löbejün,
B6 bis Domnitz,
3 km auf Landstraße Richtung Dößel

rechts:
Dorfkirche in Dößel

Seite 188: *Das schlichte Untergeschoß der Doppelkapelle der Neuenburg.*

Nicht nur entlang der großen Tourismusstraße Sachsen-Anhalts befinden sich sehenswerte romanische Bauwerke, auch abseits können immer wieder Überraschungen gemacht werden.

Ein Beispiel dafür findet man im verträumten Dorf Dößel mit seinen roten Mauern, den großen alten Gehöften und stillen Gassen – gelegen in der unberührten Natur des Saalkreises, über dem majestätisch gewundenen Lauf der Saale mit seinen romantisch-dramatischen Landschaftsbildern.

Auf einer leichten Erhebung in der Dorfmitte steht ein alter Kirchenbau „in dem malerisch verwilderten Kirchhof – Rosen und Holunder umranken die gesunkenen Gräber, einzelne Lebensbäume halten einsam Wacht, sonst treibt und sprießt das wogende Gras" (Siegmar Schultze-Galléra 1914).

Errichtet wurde das Gotteshaus in der zweiten Hälfte des 12. Jahrhunderts als einschiffiger Saal mit Westquerturm aus dem für die Gegend typischen roten Sandstein. Das Glockengeschoß des Turmes mit den charakteristischen romanischen Schallarkaden wird von einem steilen Satteldach abgeschlossen.

Bewahrte die Kirche mit dem Turm und im Umriß die romanische Gestalt, so zeigen sich im Detail nachträgliche Veränderungen, welche die Gesamterscheinung malerisch bereichern. So wurde das Langhaus um 1500 erweitert und mit spätgotischen Maßwerkfenstern versehen. Im 18. Jahrhundert erfolgte eine Erneuerung des Innenraums, wobei die einfache Ausstattung in den Formen des mitteldeutschen Landbarock dazukam, Kanzelaltar, Taufgestell, Hufeisenempore und Logen. Von besonderem Reiz ist die um 1800 entstandene kleine Orgel, die nahezu im Originalzustand erhalten blieb und im Jahr 2002 restauriert wurde. Aus dem frühen 20. Jahrhundert stammen die jüngsten Veränderungen an der Kirche: 1908 erneuerte man den Vorbau mit dem Rundbogenportal, die Treppenanlage und den seither mit einem Schmuckmosaik (restauriert: 1998) hervorgehobenen Vorplatz, und 1915 wurden die beiden Farbfenster mit den Darstellungen von Kreuzigung und Auferstehung Christi geschaffen.

Ein Zeugnis für die jahrhundertealte Zugehörigkeit des kleinen Bauerndorfes zum Magdeburger Domkapitel stellt der von einem Domherrn im ersten Jahr des Dreißigjährigen Krieges 1618 gestiftete Abendmahlskelch dar.

So zeigen sich selbst an abgelegenen Orten und in solchen Details immer wieder aufs Neue die engen Verknüpfungen und Vernetzungen des geschichtsträchtigen Landes, dessen Schätze noch längst nicht alle gehoben sind ...

Sebastian Kreiker/Christian Antz
Auf den Spuren Ottos des Großen

Kulturreisen in Sachsen-Anhalt · Band 2
Herausgegeben von Christian Antz
Fotografien: Janos Stekovics

112 Seiten
über 100 farbige Abbildungen
Grundrisse und Karte
Serviceteil zu jeder Station
14 x 21 cm
Broschur
9,80 Euro
ISBN 3-929330-36-9

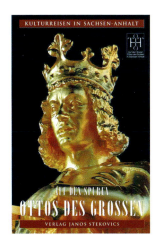

Auf dem Gebiet des heutigen Sachsen-Anhalts lag vor 1000 Jahren das politische Zentrum Deutschlands. Auf diesen Raum stützten die Liudolfinger, aus deren Familie Kaiser Otto der Große hervorging, ihre Herrschaft. Von ihrem Besitz im Harz aus errangen sie in Aachen die deutsche Königs- und in Rom die römische Kaiserkrone. Von hier aus führten sie Kriege gegen Slawen oder Ungarn. Hier gründeten sie Klöster und Bistümer, setzten geistliche und weltliche Würdenträger ein und ab. Von hier aus gingen Reisen nach Gnesen (Polen) oder Apulien (Italien). Hier spannen sie ihre Heiratsfäden nach Wessex (England) oder Konstantinopel (Türkei). Hier empfingen sie Gesandtschaften aus Cordoba (Spanien) oder Kiew (Rußland). Und hierher versuchten sie zurückzukehren, um ihre letzte Ruhe zu finden. Otto der Große, Magdeburg und Europa müssen als Einheit begriffen werden. Hier wurde europäische Geschichte geschrieben. Dahin, auf den Spuren Ottos des Großen, führt das Buch.

Anke Werner
Gartenträume
Historische Parks in Sachsen-Anhalt

Kulturreisen in Sachsen-Anhalt · Band 3
Herausgegeben von Christian Antz
Fotografien von Janos Stekovics

208 Seiten
404 farbige Abbildungen,
Grundrisse und Karten
umfangreicher Serviceteil
Broschur
14 x 21 cm
12,80 EUR
ISBN 3-89923-001-9

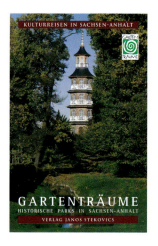

Sachsen-Anhalt ist eines der denkmalreichsten Bundesländer Deutschlands. Dabei ragen die historischen Garten- und Parkanlagen mit ihren dazugehörigen Schlössern, Klöstern und Städten quantitativ und qualitativ heraus. Neben den bekannten Gärten, insbesondere den Anlagen des Dessau-Wörlitzer Gartenreichs im UNESCO-Weltkulturerbe, den Kuranlagen mit dem Goethe-Theater in Bad Lauchstädt oder den Schloßgärten in Ballenstedt, bilden auch die vielen noch weniger bekannten Parkensembles ein herausragendes kulturelles Erbe und bieten abwechslungsreiche, interessante Besuchserlebnisse. Bedeutende Gartenkünstler und Architekten wie Johann Chryselius, David Schatz und Hermann Korb, die Gärtnerdynastie Schoch, Friedrich Wilhelm von Erdmannsdorff und Peter Joseph Lenné, Eduard Petzold, Hermann Muthesius und Paul Schultze-Naumburg haben in Sachsen-Anhalt ihre Spuren hinterlassen.

Aus über tausend solcher Anlagen wurden 40 Gärten und Parks vom 17. bis 21. Jahrhundert, vom Barock bis zur Land Art zu einem deutschlandweit einmaligen touristischen Netz zusammengeflochten: den Gartenträumen. Von der Altmark bis zur Weinregion Saale-Unstrut, vom Harz bis nach Anhalt, von Klostergärten bis zu Schloßparks, von Wallanlagen bis zur Landschaftskunst, von mauerumgrenzten intimen Gartenräumen bis zu den in weite Auenlandschaften einmündenden Naturräumen an Mulde, Elbe und Unstrut werden Auge und Gefühl eingefangen mit Schönheit und Vielfalt, Natur und Kultur.

Lassen Sie sich verzaubern durch das, was Menschenhand in der Geschichte und für die Zukunft, aber immer mit dem Impetus des Schönen und Wahren imstande ist zu schaffen. Sachsen-Anhalt hat mit den Gartenträumen ein landesweites touristisches Projekt initiiert, wo geforscht und gestaltet, saniert und gefördert, aber auch von Anfang an gefeiert und sich erholt wird. Kommen Sie mit diesem Buch auf eine neuartige grüne Reise voller Gärten und Träume.

Andrea Seidel · Hans-Joachim Solms
(Hrsg.)
Dô tagte ez
Deutsche Literatur des Mittelalters
in Sachsen-Anhalt

152 Seiten
32 Abbildungen
gebunden, Schutzumschlag
16 x 24 cm
19,80 EUR
ISBN 3-89923-026-4

Eindrucksvolle bauliche Zeugnisse des Mittelalters begegnen uns in Sachsen-Anhalt auf Schritt und Tritt. Hier hat einst das politische Zentrum Deutschlands gelegen. Klöster und Dome, Dorfkirchen und Wohnhäuser, Stadtanlagen und Burgen sind ebenso sinnfällige Zeugen von hohem Rang wie die in großer Vielfalt erhaltenen Skulpturen, Schätze und Malereien.
Weitgehend im Verborgenen sind bisher die schriftlichen Äußerungen jener bewegten Zeit geblieben. Auch sie aber müssen als Meilensteine deutscher Geistes- und Kulturgeschichte angesehen werden und als beredte Ergänzung zu den stummen Architekturzeugen. Darum sind hier Texte als Faksimile, in der originalen Sprache und als Übersetzung versammelt, die weit über die Region ihrer Entstehung hinaus gewirkt haben. Neben den Merseburger Zaubersprüchen und dem Sachsenspiegel des Eike von Repgow steht eine Auswahl an weltlichen und geistlichen Dichtungen: Sowohl der höfische Roman (Heinrich von Veldeke, Eneit), der Minnesang (Heinrich von Morungen) als auch religiöse Texte (Brun von Schönebeck, Das Hohe Lied). Neben Dokumenten klösterlichen Lebens (Mystik) eröffnen solche städtischen Lebens (Schöffenbücher von Halle) kulturgeschichtliche Hintergründe. In seiner Zusammenschau vermittelt der reich illustrierte Band verblüffende Einblicke in die mittelalterliche Welt.

Für weitere touristische Informationen und Buchungsmöglichkeiten zu den Ottonenstätten und Sachsen-Anhalt wenden Sie sich bitte an:

Landesmarketing Sachsen-Anhalt GmbH
Am Alten Theater 6
39104 Magdeburg
Tel.: (0391) 5 67 70 80
Fax: (0391) 5 67 70 81
e-mail:
lmg@lmg-sachsen-anhalt.de
www.lmg-sachsen-anhalt.de

Besonderer Dank gilt der Domstiftung des Landes Sachsen-Anhalt, der Stiftung Schlösser, Burgen und Gärten des Landes Sachsen-Anhalt, der Landesmarketing Sachsen-Anhalt GmbH, dem Domstift Naumburg, den Pfarrämtern und den Museen und Vereinen der einzelnen Stationen für die freundliche Unterstützung.

Impressum

Bibliografische Information Der Deutschen Bibliothek

Die Deutsche Bibliothek verzeichnet diese Publikation in der Deutschen Nationalbibliografie; detaillierte bibliografische Daten sind im Internet über http://dnb.ddb.de abrufbar.

Reihe „Kulturreisen in Sachsen-Anhalt"
Herausgeber: Christian Antz
Fotografien S. 50, 62 o., und u., 74–77, 83 o., 99,: LM Sachsen-Anhalt GmbH,
alle übrigen Aufnahmen von Janos Stekovics
Satz, Layout, Karten, Grundrisse: © Verlag Janos Stekovics
Druck: GCC, Grafisches Centrum Cuno, Calbe (Saale)

Titelbild: Memleben, Klosterruine
Rückseite: Kapitell in der Klosterkirche Hamersleben
Frontispiz: Klosterkirche Jerichow, Innenansicht nach Osten

1. Auflage: März 2001
2. Auflage: Oktober 2001
3., erweiterte, überarbeitete Auflage: August 2003

© 2003, Verlag Janos Stekovics, Halle an der Saale. Alle Rechte vorbehalten. Nachdruck, vollständige oder auszugsweise Reproduktion, gleich in welcher Form (Fotokopie, Mikrofilm, Speicherung in elektronische Datenverarbeitung, CD-ROM oder durch andere Verfahren), Vervielfältigung, Weitergabe von Vervielfältigungen sind nur mit schriftlicher Genehmigung des Verlages gestattet.

ISBN 3-929330-89-X

http://www.onlinebuch.com

Fordern Sie bitte das Gesamtverzeichnis unserer lieferbaren Bücher an!

VERLAG JANOS STEKOVICS
TEL.: (034607) 21088
FAX: (034607) 21203
e-mail: steko@steko.net